退職後に後悔したくない！

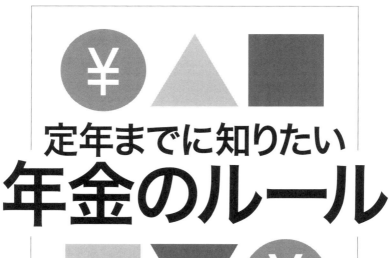

定年までに知りたい
年金のルール

社会保険労務士 蓑田真吾 [著]

中央経済社

まえがき

　学生時代を思い起こすと，当時は「定年」とは遥か先のことで，理屈の上では年金は働けなくなった後の大事な収入源であるという認識は持っていたものの，年金への興味は低いものでした。私が大学2年生の時に，亡父がふと「年金の手続きだけはしておけ」と声をかけてくれ，言われるままに役所に出向き，学生納付特例の申請をし，就職後に免除を受けた期間の保険料を納付していたことを，老後の生活にとってのプラスになると知っている今では感謝しています。

　私は，年金は「人生を映す鏡」と考えています。社会保険労務士となり，多くの方々から年金相談を受けることが仕事となった今，どのクライアント様も一人として「全く同じ年金」というケースに当たったことがありません。

　人の数だけ年金があります。過去の職歴や活用した制度など，新卒採用後定年まで同じ職場で働いていた方同士でも全く同じ年金になることはないでしょう。

　年金制度をめぐってはこれまで多くの法律改正が行われてきました。また，今後も行われることが予想されます。改正内容によってはご自身に不利益な改正があるかもしれません。

　ただし，これまでの法改正の流れを勘案するとそのようなケースであっても，同時に経過措置等があるため，ただちに不利益を被るということはありません（「だから年金は難しいんだ」という声もあるでしょう）。

　そこで，本書では私が実務で経験したり感じたりした具体的な実例をもとに定年後を豊かにするための年金にまつわる方策を解説し，各章の最後には「30秒でフィードバックする本章のまとめ」として，各章の内容の結論を端的に伝える体裁を採用しました。

　なお，定年前後の金銭的な悩みは「年金」に限定されることはありません。年金の周辺制度についても実務で起こった具体的な事例をもとに執筆をしました。

　もちろん，会社経営者やフリーランスのような定年年齢がない働き方もあります。そこで，本書では働き方別に「良かれ」と思ってやっていることの成否，取るべき選択肢も解説しています。

　本書がこれから定年を迎える方々の「転ばぬ先の杖」となることを願っています。

2024年2月

蓑田　真吾

もくじ

まえがき

第2章　年金が「思ったより少ない」理由

01 準備しても「思ったより少ない」，はなぜ起きる？　30

1　「思ったより年金が少ない」原因　30

2　廃止論もある在職老齢年金制度の影響　34

3　雇用保険との調整　その1　35

4　雇用保険との調整　その2　41

02 良かれと思ってやっていることに問題あり　45

1　在職老齢で年金がカットされたくないので退職した　45

2　継続就労だと年金が増えないので退職した　49

3　高年齢残業で挽回？　と転居の時期　53

4　定年後すぐに失業保険の手続きをする　56

5　在職老齢年金制度によって年金が止まっているのに，年金受給開始年齢を繰り下げている　59

6　早期優遇退職制度へ応募して退職する　61

◆ *30秒でフィードバックする本章のまとめ*　64

第4章	まだある　老後のお金を増やす ためにできること

公的年金を賢くもらうために
退職前に知っておくべき
5つのこと

　現役引退後，公的年金は多くの方の主たる収入源となります。もちろん，不動産収入などの年金以外での収入源を持っている方もいらっしゃるでしょうが，決してそのような方は多いとは言えません。日本の年金制度は保険料を一定期間納めておくことで亡くなる月まで受給することができる点は安心と言えますが，人間である以上，より賢く受け取れる方法があれば知っておきたいと考えるのが普通です。

　しかし，年金制度をより賢く活用するにはそれ相応の準備期間と制度の構造を知っておく必要があります。年金制度はこれまで多くの法改正を経て，複雑な仕組みとなっており，言い換えると「ジグソーパズル」のような一般には理解し難い構造になっており，時間をかけてようやく理解できる制度です。よって，一度にすべてを理解しようとすると「底なし沼」にはまってしまいます。時間は有限です。本章では最低限，「退職前」には押さえておきたい5つの論点にフォーカスをあてて解説します。

1 定年後に残されている時間は40年。ただし，60歳から考えるのは遅い

　我が国の法律上，一部の業種を除き，定年年齢は「60歳以上」でなければなりません（高年齢者等の雇用の安定等に関する法律第 8 条）。仮に60歳定年後に再雇用を希望せずに老後の生活に入った場合，「人生100年時代」から逆算すると残り40年もの時間が残されていることになります。

　私（1984年生まれ）は，20歳の頃は経済学を専攻するどこにでもいる大学生でした。その時に「40年後」と言えば，遠い未来のことと感じていました。しかし，理論上は20歳当時に思い描いていた60歳までの期間と同等の期間が60歳から待っているということです。言い換えると，定年退職後が第二の人生と言っても過言ではありません。

　ただし，この主張には，「20歳からの40年」と「60歳からの40年」では健康状態や可処分時間も違うので，「同じ土俵で考えるべきではない」という反論があるでしょう。

　まず，健康状態については反論のとおりで，年齢を重ねるごとに，病気への罹患率が高まることは想像に難くありません。「20歳からの40年」の間の生活環境（慢性的な時間外労働が長期間に及んでいた場合は健康状態に直接的に影響を与えていることもある）や人間関係，遺伝的な要素もあるため，健康状態は挽回することが難しい面もあるでしょう。

　他方で，可処分時間については，もはや定年退職後は，所定労働時間はおろか時間外労働という概念からも解放されており，定年退職後のほうがこれから社会に出るという学生（既に働いている場合もある）よりも圧倒

的に多くの時間が残されています。「人生100年時代」に備え，学びなおしの機運も高まっており，工夫次第でより充実した時間を過ごすことが可能です。もちろん，充実した可処分時間を過ごすには一定の「お金」が必要になってきます。

＊　　＊　　＊

　ところで，我が国の年金制度の1階部分とされる国民年金から支給される老齢基礎年金の年金額は「フルペンション減額方式」が採用されています。これは満額の年金額を定めて，保険料を納付しなかった額に応じて年金額を減額していくというものです。つまり，20歳から60歳までの40年間にどれだけ保険料を納付しているかによって65歳から亡くなるまでの年金額が決定します。

　私が定年後の相談で最も多く受ける相談が，この年金について，つまり「お金」に関する相談です。定年退職後は毎月振り込まれていた給与収入がなくなり，年金あるいは再就職の予定がある場合は失業保険（正式には基本手当，以下失業保険）で生活を維持するといった選択肢が一般的です。

　もちろん，不動産収入等，他の収入源をお持ちの方もいらっしゃいますが，割合的には少ないと思います。言葉を選ばず申し上げると定年退職後により良い可処分時間を過ごすには，定年退職後から準備を始めるようでは遅く，思い描く生活を送ることは難しいでしょう。

　定年退職する前から準備を始めておくことで，成果につながらない「良かれと思ってやっていること」を「自身が望んでいる成果につながる行動」に変えていくことができます。

　我が国の労働法の世界では「ノーワークノーペイの原則」があります。これは，端的に言うと働いた分の対価はもらうことができますが，働いていない場合は対価をもらうことはできないということです。至極当然の話

ではありますが，労働者には会社に対して働かせてほしいと請求する権利
はありません。

そもそも労働義務は「義務」であっても「権利」ではないため，労働者
には就労請求権はないと解されています。

会社から発せられた業務命令を受け，その真意を汲み取り，これまで
培った経験値も踏まえ，自身の労働力を提供し生活するための対価を得る
という循環によって会社経営は成り立っています。言い換えると，年金事
務所で試算してもらった年金額が少ないからといって，雇用契約を超えた
内容で就労させるように請求することや，雇用契約がなくなった後も就労
させるように請求することはできないということです。

もちろん，60歳定年後も働くことを希望する労働者への65歳までの雇用
確保措置（例えば，継続雇用）の導入は会社の「義務」としてなされてい
ます。

そもそも，なぜこのような措置があるのかというと，年金制度の度重な
る改正が理由の１つです。旧来，我が国の年金制度の２階部分とされる厚
生年金から支給される老齢厚生年金は60歳支給開始とされていましたが，
現在では国難ともいえる少子高齢化問題の影響が無視できなくなり，老齢
厚生年金の支給開始年齢を段階的に引き上げる措置が発動されることと
なったことで，雇用確保措置が導入されたわけです。

なお，多くの年金制度に共通する部分ですが（この受給開始年齢の引上
げを例にすると）いきなり60歳から65歳に引き上げてしまうと，60歳受給
開始を前提に生活設計を立てていた方々に重大な不利益が及んでしまうの
で，生年月日ごとに老齢厚生年金の受給開始年齢が設けられています。

なお，男性の場合は昭和36（1961）年４月２日以降生まれ，女性の場合
は昭和41（1966）年４月２日以降生まれの方については（繰上げ請求をし
ない限り）65歳からの受給開始となります。しかし，次の２つの問題が
残っています。

① 　一般的には定年退職後は任されている仕事はさほど変わらなくても
　賃金は下がる
② 　65歳から70歳までの「就業確保措置」は努力義務（2023年11月時点）

①については，多くの労働判例があります。しかし，米国とは異なり，
日本では①に不服があったとしても，司法判断に委ねる（あるいは定年退
職後にその予定）というケースは多いとは言えません。

２ 人の数だけ存在する定年後の不安と年金問題

私が，年金制度に対して感じていることが３点あります。

① 　制度がパズルのような仕組みになっており理解に相当な労力を要する
② 　ネット情報が溢れており誤った（または自身には当てはまらない）
　認識を持ちやすい
③ 　法律の改正が多い

以下，この３点についてご説明します。

① 　制度がパズルのような仕組みになっており理解に相当な労力を要する

多くの会社員が加入する厚生年金保険法のルーツは，昭和17（1942）年
の「労働者年金保険法」にあります。労働者年金保険法は，その後，昭和
19（1944）年に厚生年金保険法に改称されました。単純に法律名の改称で

あれば年金受給者にとって直接的な影響はありません。しかし，この法律は昭和61（1986）年に「年金大改正」（一例として被扶養配偶者が対象となる第3号被保険者の創設）が行われ，この昭和61（1986）年4月1日を境に旧法と新法と呼ばれるようになりました。

　旧法と新法において給付額を比較すると，多くの場合，旧法のほうが高額です。これは昭和35（1960）年には1人の高齢者を11.2人の現役世代で支えていたものが，平成27（2015）年には1人の高齢者を2.3人で支える状態となった時代背景からも，制度の持続性を勘案してもやむをえない部分と言えます。

　また，国民年金から支給される老齢基礎年金に対して付加的に支給される振替加算は，昭和41（1966）年4月2日以後生まれの方については全く支給されません。振替加算とは，加給年金の対象となっていた妻または夫が65歳になると，夫または妻が受給していた加給年金はなくなり，妻または夫の老齢基礎年金に「生年月日に応じた金額」が加算されるというものです（後記52ページも参照）。

　振替加算は原則として配偶者が65歳到達をもって支給が終了する加給年金と異なり，生涯にわたって受給できるものです。そこで，次の②が問題となります。

②　ネット情報が溢れており誤った（または自身には当てはまらない）認識を持ちやすい

　高度情報化社会となり，デバイスさえあればいつでもどこでも情報にアクセスし，必要な情報をキャッチできる社会となりました。もちろん利便性の向上は日常生活においても生産性の向上に資するもので，マイナスとは言えません。

　しかし，「人生を映す鏡」である年金は，100人の人がいれば100通りのパターンがあります。ネットに記載されている情報がすべて誤っていると

いうことはありませんが，法律上は正しいものの，あなたには当てはまらないというケースは存在します。ネット記事（文字数に換算して2,000〜4,000文字）中の原則的な制度の説明では例外も含めてすべての解説まではとても記載できません。ネット情報だけでは，誤解が生まれやすいのです。

③　法律の改正が多い

　時代背景としてもやむをえない部分ではありますが，特に年金制度においては非常に法改正が頻発しています。これは，例えば労働分野の根幹となる労働基準法が70年以上も改正されてこなかった（平成31（2019）年 4 月 1 日に時間外労働の上限規制が設けられたことが話題になりました。一般的な業種については大企業から先行的に施行されています。2023年時点で建設業等の一部の業種では猶予されています。）と比べても大きな特徴です。

　年金制度に話を戻すと，平成28（2016）年10月 1 日から段階的に社会保険に加入しなければならない対象が拡大していく趣旨の改正がなされています。これは年金制度を持続させるためには必要な改正ではあるものの，短期的なデメリット（代表的な部分として社会保険加入に伴う手取り額減）がクローズアップされている印象が拭えません。特に社会保険諸法令の法律改正については，自分自身に何らかの形で関連してきます。にもかかわらず，業として携わっている場合（社会保険労務士や企業の人事労務担当者）を除き，改正内容に習熟している方々は稀です。

3　年金制度は申請主義

　年金制度には大きく分けて，老齢・障害・遺族という 3 種類の年金が存

在します。この3種類に共通しているのは，申請しなければ年金は全く支給されないということです。

これは，「給付制度」という仕組み上，至極当然の話ではあります。ただ，会社員の場合は，例えば毎月25日の給与日に必要な書類提出が漏れたとしても，給与が全く振り込まれないということは考え難いでしょう。

また，給与日が近くなると，人事労務部門から不足書類の提出アナウンスが入るなどの「サポート」もあり，適切な給与支給が行われていきます。もちろん，誤った給与支給があると，翌月に調整（過払いがあった場合は差引，不足支給であった場合は追加払い）が発生します。しかし，人事労務担当者自身も労力を要することとなる調整はできるだけ避けたいという意識が働くので，適切な給与支給は双方の利害が一致していると言えます。

年金制度の場合，「老齢」年金については支給開始年齢が近くなると日本年金機構から請求書やお知らせが送付されます。ただし，諸事情（例えば家族の介護のため）で住民票上の住所と異なった住所に住んでいる場合には，当該請求書やお知らせに気づくことができず，年金の時効である5年を経過したというケースも少なくありません。

また，請求書のみで請求手続きが完了することは稀で，戸籍謄本や預金通帳の写し等の添付書類も必要となることから，原則として，提出すべき書類に不足がある状態で受理されることはありません。また，対面での相談を受けながら請求手続きを希望する場合は事前予約制となっており，時期によっては数週間先まで請求手続き等の予約が埋まっていることも少なくありません。

それでも，「老齢」年金はマイナンバー等の普及により，年齢の把握ができるため，支給開始年齢が近くなると請求書やお知らせが送付される運用になっています。障害，遺族年金については注意が必要です。

年齢と違って，「障害」年金の場合は，事故や病気への罹患を契機に支給要件を満たすことが一般的です（先天性の疾患等もあります）。言うま

でもなく，そのような情報は年金事務所で把握できることではありませんので，自ら行動を起こす必要があります。

　具体的には，障害年金の対象となりうるのかを明らかにするため，必要な書類の取寄せ等が最初の取るべき行動と考えられます。優先順位としては，一般的には通院や療養が上位に位置しますが，本当に支給されるのか不透明な状況下（年金事務所は「書類の受付」であり，実際の審査は日本年金機構本部で行われる）での行動は気力を要します。特に障害年金については，遡って支給されるものばかりではなく，請求月の翌月から支給（事後重症請求）されるものもあり，手続きが遅れた場合は，直接的に受け取れる額が少なくなることにつながります。

　「障害」と同様に「遺族」年金についても市区町村との情報連携の発達により年金事務所としても死亡情報は把握できるものの，自動的に遺族年金の請求手続きが進められるわけではありません。

　遺族年金は法律上，死亡月の翌月から支給開始となるため，葬儀等と並行して対応が必要なものとなります。遺族年金の請求手続きの煩雑さが親族の他界を目の当たりにし，悲しみに暮れている状況下で少しでも気を紛らせる時間が作れるという前向きな考え方はあるかもしれません。私自身，亡父の遺族年金請求は，家族の助力なしに進めることは困難でした。

　このように年金は，会社員の給与とは異なり，手続きが「完了」していない状況下で自動的にお金が振り込まれることはありません。そして，手続きを「完了」させる必要があるため，一度時間を作って手続きに行ったとしても，書類に不足があり，受付されなければ，手続きをしに行っていない状況と同じです。

　もちろん，状況によってはその後，年金事務所から確認の問い合わせが入ることもありますが，少なくとも請求手続きが完了する前にお金が振り込まれることはありません。

4 年金制度は夫婦であっても別

　定年退職前となれば業務の引継ぎや顧客への挨拶回りなど，通常業務だけでなく，プラスαの業務も出てくるのが常です。そうすると定年退職前に年金相談に行く時間が取れず，家族に年金相談を委ねることにするかもしれません。

　もちろん家族は代理人として認められるため，そのこと自体は何ら問題ありません。しかし，たとえ配偶者であっても年金制度上は別人扱いですので，委任状が必要です。また，委任状は，文字を書くことができないような特別な事情があるケースを除き，原則として委任する者が記載しなければなりません。また，委任されている内容以外は相談対応に応じられないことにもなっています。

　特に年金制度の大改正と言われる昭和61（1986）年4月1日の前後を通じて年金制度に加入していた方の場合は，何らかの年金制度に加入していたにもかかわらず，年金記録が漏れていることが少なく年金相談で注意を要します（年金の記録漏れは，紙で管理されていた時代からデジタルへ移行する際に発生してしまった事象です）。例えば，会社勤めの配偶者が退職した場合や配偶者が脱サラ後に自営業を開始した場合は注意が必要です。

　具体的な例として，昭和61（1986）年4月から平成25（2013）年6月までの間に国民年金の第3号被保険者とされていたものの，第1号被保険者として記録が訂正された期間（不整合期間と呼ぶ）がある場合は誤った記録を訂正する手続きが必要となる可能性が高いです。

　第3号被保険者から第1号被保険者に記録が訂正されたものの保険料の納付期限（2年）が時効によって消滅（時効消滅不整合期間）したことな

どは年金額の減額に直結するいわゆる「消えた年金問題」の 1 つの典型例として一世を風靡しました。

　この場合は，実態は第 1 号被保険者であるにもかかわらず，記録上は第 3 号被保険者のままとなっており，記録を訂正することで第 1 号被保険者となります。第 1 号被保険者であれば，第 3 号被保険者とは異なり，保険料を納めなければなりませんが，法律上保険料を納めることができる期限が過ぎていますので，将来受け取れる年金額が減額されてしまうことや，場合によっては年金自体が全く受け取れないというリスクも想定されます。

　なお，国民年金の第 3 号被保険者から第 1 号被保険者への種別変更の手続きが遅れたことによって，2 年より前の期間の国民年金保険料を時効消滅のために納めることができなかった「未納期間」がある方については，「時効消滅不整合期間に係る特定期間該当届」の手続きを行うことにより，年金を受け取れない事態を防ぐことができる場合があります。

　これらの手続きも本人であれば本人確認を経て，手続きを進めることは可能ですが，配偶者等の代理人を通じて手続きを希望する場合はあらかじめ委任状へ委任内容を記載しておき，配偶者等の代理人へ当該委任状を渡しておかなければなりません。

　また，「時効消滅不整合期間に係る特定期間該当届」に該当せずとも，依然として，日本国内には約1,800万件の未統合の年金記録があります。これらは持ち主不明の年金記録と呼ばれるものです（年金事務所では，このような記録を「手番」と呼ぶことがあります）。

　平成 9（1997）年の基礎年金番号導入前は，国民年金，厚生年金でそれぞれ別々の番号が付番されていましたので，これから定年を迎える世代の方については，複数の年金番号があることは決してめずらしいことではありません。当該番号が同一人物としてつながっていれば特段問題はありませんが，つながっていない場合は本来受け取れる年金額よりも低く算出されてしまうため，損失が生まれてしまいます。

　年金請求の事前相談や年金請求手続きを兼ねた相談では請求者の番号と思われるものの存在は開示してもらえますが，理論上は全くの他人の番号である可能性も否定できないため，本人記録であると証明できるような情報を申し伝える必要があります。

　最も確実なのは，当時の複数ある年金手帳を相談時に持っていくことです。ただし，年金手帳を紛失してしまっている場合や誤って破棄しているケースも想定されることから，厚生年金であれば当時の職場名（本人だからこそ知りうる情報）を申し伝えることで本人記録として扱われることとなります。

　他方，国民年金については，「職場」という概念がありませんので，その当時居住していた住所地を申し伝えることで本人記録として扱われることとなります。

　以上のことから，定年退職前で多忙を極める等の理由で，仮に法律婚状態である配偶者が代わりに年金手続き（相談を含む）に赴く場合であっても，委任者が記載した委任状が必要であることは押さえておきましょう。

　次に，「手番」の存在自体はめずらしいことではありませんから，年金相談前には（特に転職が複数あった場合は）過去の職場名の整理をしておくことが効率的な請求手続きの秘訣です。

　手番については制度上の落ち度も否定できず，もう少し柔軟な対応をすべきだという声もありますが，広い日本国内において，氏名，生年月日，性別が同じということは理論上何らめずらしいことはなく，他人の年金記録を統合してしまうことは大問題と言えますので仕方のないところもあります。やはり前述のとおり，本人だからこそ知りうる情報を申し伝えるしかありません。

5 年金にしかできないことがある

　近年は NISA や iDeCo を始めとした「投資ブーム」が到来して，将来本当に受給できるのかわからない年金よりも自身で貯蓄や投資をして老後の生計を立てるほうがむしろ堅実ではないかという声があります。

　もちろん，前述した「手番問題」を契機として，年金制度に対する不信感が募っていることは想像に難くありません。また，令和 4（2022）年には統計開始後初めて出生数が80万人を下回り，当分の間，少子高齢化社会が継続してしまうことがより鮮明となってしまいました。

　年金受給者の財源の支え手となる現役世代の人口が減少することで年金制度の改悪として，例えば支給開始年齢（現在は65歳）の引上げが予想されるなど，明るい話題が多いとは言えない状況です。私が受ける相談事例でも，在職老齢年金制度による年金のカットを目の当たりにして「何のために保険料を納めてきたのかわからない」という声を多く聞きます。

　しかし，「年金よりも自身で貯蓄や投資をして老後の生計を立てるほうがむしろ堅実ではないか」という声には，インフレや低金利に対してはどのように対応するのかという視点が抜け落ちているように思います。また，早い時期の配偶者の他界や病気への罹患によって貯蓄が十分でなかったという事態も想定されます。

　貯蓄や投資に固執せずとも，公的年金に加えて私的年金で補完するという考え方もあります。ただし，配偶者の他界や病気への罹患が引き金となり，保険料の納付が困難となった場合に公的年金制度であれば保険料の免除制度や国庫負担等の制度的な「救済措置」があるものの，私的年金制度において，公的年金制度と同等の機能を実装するには相当額の保険料が必

要となります。

＊　　＊　　＊

　そもそも，公的年金制度は法律によって「強制加入」とされており，逆選択（加入するか否かを選ぶ）が許されていません。そして給付の仕組みについては，現役世代等の高所得者から年金受給者に所得を移転する賦課方式が採用されています。

　賦課方式は，現役世代目線では年金受給者が増えることで保険料が上がることや，将来的に年金額が減額となるデメリット（またはリスク）がありますが，年金受給者目線ではインフレや給与水準（年金を受給しながら働く方もいる）の変化にも対応できる制度となっており，景気変動の影響を受けにくいメリットがあります。

　他方，積立方式を採用する私的年金制度ではインフレや低金利に対しての備えが十分とは言いがたく，広告宣伝費等にも費用が発生するため，当該費用も踏まえた保険料設定とならざるをえません。

　また，インフレによって年金額を引き上げる機運が高まったとしても，積立方式の場合は年金額を引き上げた分，積立て不足が危惧されます。当該積立て不足を補うためには，保険料額の引上げが既定路線となるものの，年金受給者から積立不足の保険料を徴収するのは極めて非現実的でしょう。

　そこで，現役世代のうちから，インフレ等を想定した保険料額の設定をすることで，こうしたリスクを解消できるのではないかとの議論も予想されます。しかし，多額の積立金を保有することは，誤った用途に流用されるリスクも孕んでいるため，望ましい状態とは言えません。

　そもそも，「年金」は，定期的かつ長期間にわたって（老齢年金は死亡月まで支払い対象）給付される金銭的な給付であり，生活上の困難に直面した場合でも安心できる生活を送ることができるために制度設計されたも

のです。多くの人は，就労することによって報酬を得たり，事業収入を得て日々の生活を営んでいますが，高齢や障害を負ったことによって報酬を得ることが困難となった場合には日々の生活が困窮してしまいます。

　ここで改めて，公的年金制度が担っている3つの役割を押さえておきましょう。

①　貧困の予防・救済

　もちろん，「基礎年金のみ」では十分な生活が営めるとは言いがたいものの，日本国憲法第25条第1項は，「すべて国民は健康で文化的な最低限度の生活を営む権利を有する。」と定義しており，公的年金制度は高齢者や障害者に対してその権利の実現に寄与しています。

②　所得再分配

　年金は現役世代から保険料を徴収する仕組みとなっており，高所得者から低所得者へ所得を再分配しています。老齢年金であれば労働が困難となり，また，長生きという「リスク」を抱えた方に対して，定期的に労働が可能な世代から「仕送り」が行われる仕組みとなっているため，自分一人でリスクに向き合う必要がありません。

③　経済の安定

　公的年金は原則として2か月に1回，偶数月の15日に指定の金融機関への振込みで支給されます。

　市場経済において，景気変動は明確な予測はつかないものの，一定期間ごとに訪れるものです。賦課方式を採用する公的年金制度は定期的かつ継続的に支給されることから，経済環境の変化に直面しても年金受給者の需要を喚起し，安定的な消費活動を喚起し，経済活動を循環させる役割も担っています。現在の日本のような超高齢化社会においては年金受給者の

数も多くなり，公的年金制度から副次的に発生する安定的な消費活動によって，さらなる経済活動の循環は生まれてくるものであると考えます。

コラム

定年前後の社会保険制度の選択肢

　法人企業において，定年前は「正社員」として雇用契約を締結していた場合，医療保険は健康保険，年金は厚生年金，そして雇用保険に加入していることとなります。これらの公的保険は労働時間等に応じて加入対象であるか否かが判別されます。60歳定年制を採用している企業であっても，本人が希望すれば65歳までの継続雇用（例えば再雇用制度）は法律上義務とされています（65歳〜70歳は努力義務）。

　一般的に（パート等のいわゆる非正規社員と比べて）当該企業で最も労働時間が長いのが正社員ですが，定年後に嘱託社員になると，労働時間が短くなることが散見されます。これは年齢を重ねたことによる体力の衰え等を勘案しての選択と推察されますが，2023年9月時点で社会保険の被保険者数が100人以下の企業（令和6（2024）年10月からは50人以下）の場合は通常の労働者（一般的には正社員を想定）の「労働日数と労働時間」が「4分の3未満」の場合は，社会保険加入対象外となります。

　すなわち，定年退職後も会社に残って働く場合に労働時間を短くすることによって社会保険の資格が継続できない場合があります。

　社会保険料が給与から天引きされなくなることによって，労働時間が短くなることによる減収分を勘案しても「お得感」はあるのでしょうが，我が国の2階建て年金制度の2階部分に当たる厚生年金から支給される老齢厚生年金は，可能な限り，高い報酬でより長く加入することで高い年金額を受給できる仕組みとなっており，雇用延長で社会保険の対象外となることは，国の政策上は期待されていません。

　医療の進歩等によって，人生100年時代となり，終身年金となる老齢年金額はより多く受給できるに越したことはありません（第3章で後述する在職老齢年金制度によって，年金が全部または一部カットされる制度はあります）。

　雇用保険の加入は，1週間の所定労働時間（契約上働くべき時間）が20時間以上でなければなりません。

　雇用保険はいわゆる「失業保険」を受給するに当たっての公的保険制度になりますが，失業保険以外にも老老介護問題に対して介護休業給付金（月額平均20万円の方が約1か月の介護休業を取得した場合は月額約13万円）や，リカレント教育の機運が高まった現在において，教育訓練給付金（一般教育訓練の場合は受講費用の20％・上限10万円）も給付される制度です。給付金の種類によっては一定期間以上の雇用保険制度への加入と現に加入中であることが求められるものもあります（教育訓練給付金制度は資格喪失後1年以内であれば対象となる場合あり）。

　また，定年退職後に業務委託契約となる場合は，労働関係法令によって保護される「労働者」ではなくなりますので，社会保険や雇用保険を始めとした公的保険の加入対象者でなくなることや，雇用契約から業務委託契約へ切り替える場合には，労働基準法の適用対象者でもなくなることも十分に認識した上で，定年後の働き方を考える必要があります。

30秒でフィードバックする
本章のまとめ

1　定年後に残されている時間の長さは現役時代と同じ長さに匹敵する。

2　社会保険制度は法改正も加わったことで複雑な制度となっており，自分自身に関係する部分だけでも積極的な知識の習熟が求められる。

3　夫婦であっても別人。年金手続きを代理する場合には周到な準備を。

4　公的年金制度には，貧困の予防・救済，所得分配，経済の安定の３つの役割がある。

5　定年前後で働き方を変える場合は，労働法の適用がなくなること，社会保険の資格対象から外れることといったデメリットを理解した上で決断する。

第 2 章

年金が
「思ったより少ない」理由

　「思ったより年金が少ない」これは筆者がよく耳にするフレーズです。もちろん長期間の保険料滞納期間があったために年金が少なくなることはある意味仕方のないことです。しかし，制度の仕組みを知らなかったために年金が少なくなってしまうのは，人間誰しも避けたいはずです。年金は制度をより深く知ることでより賢く年金を受け取れる側面を有しています。他方で，年金制度は幾多の法改正を経て，現在に至っていることと，他の法律とも絡み合っている部分があり，とても難解というイメージを持たれています。

　そこで，本章では定年がより身近に迫ってきたビジネスパーソンのよくある質問にフォーカスをあて，「思ったより年金が少ない」に陥ってしまう理由と年金制度の身近な周辺知識を解説します。

1 準備しても「思ったより少ない」，
はなぜ起きる？

1 「思ったより年金が少ない」原因

「思ったより年金が少ない」これは私が年金相談を受ける中でよく聞く
フレーズの１つです。本章ではなぜ，思ったより老後の年金が少ないのか
について深掘していきます。読者の方々ご自身の年金がどうなりそうかと
いう視点に立って読み進めていただけますと幸いです。

老齢・障害・遺族の３種類の年金制度のうち，まずは老齢年金について
です。第１章でお伝えしたように，年金制度の１階部分にあたる国民年金
から支給される老齢基礎年金の年金額は「フルペンション減額方式」と呼
ばれ，20歳から60歳までの480か月間に漏れなく保険料を納付した場合に
限って，終身にわたって満額の年金を受け取れる仕組みとなっています。

言うまでもなく，20歳は学生時代であることも多く，平成３（1991）年
３月までは国民年金は任意加入とされていました。平成３年３月までは国
民年金への加入はあくまで「任意」で「義務」ではありませんでしたので，
加入していなかった期間は老齢基礎年金の年金額には反映しません。ただ
し，受給資格の有無を判断する場合には，「合算対象期間」（年金額には反
映しないため「カラ期間」と呼ばれている）として判断されます。旧来，
年金を受け取るには「25年」の受給資格期間が必要とされていました。

受給資格期間とは保険料を納めた期間や失業等により一時的に保険料の

納付が困難となった場合に免除を受けた期間も含まれます。平成29（2017）年8月以後は当該期間が「10年」に短縮されています。この場合，40年間保険料を納めた方の4分の1程度の年金額になってしまいますが，ゼロと2か月に1回振り込まれるいくばくかの年金とでは雲泥の差と言えるでしょう。

　本書執筆時点の2023年に定年退職を迎える方の場合は，平成3（1991）年4月よりも前に学生期間があった方が多いと思われます。こうした方々で，当該期間中，学生時代から老後の余生を心配し，任意加入で差し支えなかった年金制度に加入して保険料を納めていた方は少ないと思います。したがって，合算対象期間が活きる場面は少なくありません。

　年金制度の2階部分にあたる厚生年金から支給される老齢厚生年金の年金額は次の式によって決定されます。

①　平均標準報酬月額×7.125/1,000×平成15（2003）年4月1日前の被保険者期間の月数
②　平均標準報酬額×5.481/1,000×平成15（2003）年4月1日以後の被保険者期間の月数

　①と②の違いとして，平成15（2003）年4月1日以後は，標準報酬月額（給与）だけでなく標準賞与額（賞与）も年金額の計算の基礎に含められるようになったということです。この仕組みを「総報酬制」と呼びます。

　このように仕組みが移り変わった背景には，意図的に月々の報酬を低くして，その分を賞与として支給することで保険料を著しく抑えることができてしまっていたことがあります。現在は給与だけでなく，賞与（支給があれば）からも保険料は徴収されています。

　老齢厚生年金は保険料が一律（年度によって上下はあり）である老齢基礎年金とは異なり，報酬が高ければ納めるべき保険料と年金額も高くなり，

逆に報酬が低ければ納めるべき保険料と年金額も低くなるという仕組みであり，「報酬比例」と呼ばれています。高い年金を受給しているということは，それだけ高い保険料を納めてきたことの証跡となりますので，「貢献原則」に基づいていると思います。

　誰しも，日本年金機構から誕生月にはがきで「ねんきん定期便」が送られてきます。また，35歳，45歳，59歳の時には，封書でも送られてきます（この年齢の時に送られてくるものはより詳細な加入履歴が記載）。記載されている内容は，加入者本人の保険料の納付実績や将来の年金見込み額です。

　会社員の方々は，一般的には厚生年金に加入しています。厚生年金の場合は会社に対して保険料が請求され，保険料の半分は会社が負担，残りの半分は給与天引きされ，合算して保険料の支払いが行われますので，個人で納付しなければならない国民年金と違い，理論上，保険料の納付漏れは起こりません。では，「思ったより年金が少ない」とならないためにはどこに注意するべきでしょうか？　それは，将来の年金の見込み額です。

　まず，「50歳未満」の方のねんきん定期便は「これまでに納めた保険料を基に算出された年金額」が記載されています。すなわち，老後（多くの場合は65歳から）に受け取る年金額とイコールではありません。50歳未満の方々がねんきん定期便で知ることとなる年金額は，実際に65歳になってから受け取る年金額より少ないことがほとんどです。すなわち，「思ったより年金が少ない」どころか，逆に，「思ったより年金が多い」につながるはずです。

　問題は「50歳以上」の方のねんきん定期便です。まず，「60歳未満」の方については，「現在加入している年金制度」に「60歳まで加入し続けた」場合の65歳からの年金見込み額が記載されています。これは，その時点での標準報酬月額が今後も継続した場合という要素も含まれていますので，例えば会社として「賃下げ」が行われた場合には，標準報酬月額は下方改

定されて，年金額は当初の見込みよりも下がることとなります。

　次に「60歳以上65歳未満」の方は，「作成時点」での年金加入実績に応じた65歳からの年金見込み額が記載されます。この場合も「60歳未満」の方と同様に標準報酬月額が下方改定された場合は，年金額としても当初の見込み額よりも下がることとなります。

　　　＊　　＊　　＊

　ねんきん定期便で，最も多い誤解は，いわゆる「年金カット法」とも揶揄されている制度にあります。これは「在職老齢年金」はねんきん定期便に厳密には加味されていないというものです。

　在職老齢年金制度は，端的には一定以上の報酬と年金を受給している場合には，年金額がカットされる制度です。具体的には次の3つを合わせて（令和5年度は）48万円（年度により変動する場合あり）を超えてしまう場合は，超えた部分の半分が年金からカットされます。

① 　年金（月額に換算したもの）
② 　給与（標準報酬月額）
③ 　賞与（月額に換算した標準賞与額）

　②と③を「総報酬月額相当額」と呼びます。これは，厚生年金加入者の標準報酬月額とその月以前1年間の標準賞与額の総額を12で除した額の合計額です。少なくとも賞与については経営状況や人事評価等にも左右される側面が否定できないため，ねんきん定期便が発行される時点で明確に予測することは困難と言わざるをえません。この辺りの部分が十分に認識されておらず，ねんきん定期便で認識した年金額で生活設計を立てていたが，再検討しなければならず，「思ったより年金が少ない」につながっている

ケースを多く目の当たりにするのです。

　この在職老齢年金制度は「65歳未満」と「65歳以上」で分かれています。ただし，令和4（2022）年4月以降は，それまで65歳未満でカットされる基準額が28万円であったものが，65歳以上と同等の水準の48万円へと改正されましたので，現在は65歳未満も65歳以上も実質的には同じ制度とも言えます。なお，65歳未満の方の場合は失業保険（正式には基本手当，以下，失業保険）との調整等の「制約」があります（第3章で詳述します）。

　「65歳以上」の方のねんきん定期便は「65歳時点での年金加入実績」に基づいた年金額となります。

2　廃止論もある在職老齢年金制度の影響

　私が受ける年金についての相談で最も多いのが在職老齢年金制度による「年金カット」にかかる論点です。障害年金や遺族年金の支給趣旨は，障害や死亡という「事故」に対しての給付であるのに対して，老齢年金は高齢（長生き）に対する給付となります。高齢＝（個人差はあるものの）徐々に労働能力が衰えてしまうことや，病気への罹患リスクが高まることから，定期的な収入源が枯渇していくことが予想されます。

　言い換えると老後の所得保障が年金だということです。しかし，財源も無限に存在するわけではなく（賦課方式の支え手である現役世代の人口も今後より減少していく），年金受給開始年齢到達以後も労働収入を得ている方々に年金を受給するとなると，「過剰給付」となる可能性があります。

　そこで，年金がなければ切迫した生活を強いられる低所得者と真逆に位置する高所得者の年金を削減するという在職老齢年金制度は，年金制度の維持に寄与しているとの声もあります。

　一方で，同制度によって，「年金カット」を回避すべく，就労時間や報酬を抑制する動きがみられるようになり（就労時間を短くすることで，厚

生年金の資格を喪失（一般的には中小企業においては週の所定労働時間が30時間を下回ると資格喪失）することで，在職老齢年金の適用はなくなります），同制度を廃止すべきとの意見も少なくありません。

　また，報酬を抑制することは，第1章で述べた公的年金制度の3つの役割の1つである「経済の安定」にも逆行する動きを助長するという見方もできます（ただし，執筆時点では在職老齢年金制度に変わる制度ができたわけではありません）。

　また，厚生年金は70歳の誕生日の前日で資格喪失となります。その後も就労を継続する場合は「被保険者」から「被用者」へと名称が変わります。厚生年金の資格喪失となり，厚生年金の保険料も控除されないこととなりますが，在職老齢年金制度については引き続き適用されることには注意が必要です。

3　雇用保険との調整　その1

　定年退職を迎えそのまま引退する方，定年退職を迎えたものの再雇用契約を経て就労を継続する方，あるいは起業したりフリーランスとなる方，定年後の次なるステージは複数の選択肢があります。厚生年金保険料ほどではないにせよ，雇用保険料も近年は段階的に保険料額が上昇しています。

　いざ，雇用保険を活用する場面を想定すると，多くの場合は失業保険がイメージされることでしょう。定年退職を迎えそのまま引退する場合は，その後に就労する意思が全くなければ失業保険を受給することはできません。

　他方，一定期間の「休息期間」を経て再度就労を希望する場合は失業保険の受給資格があります。「定年退職」の場合は，自己都合退職で通常発生する2か月の給付制限期間（失業保険を受給できない期間）はありません。その理由は，定年とは会社が便宜上，設定した雇用契約の終了期限で

あるため，必ずしも通常の自己都合退職とは同視できないためです。

　さて，失業保険を受給するには一定の加入期間（後述）が必要となりますが，誤解が多い部分に2つの加入要件があります。

　1つは「働く意思と能力」があることです。定年退職後に再就職する想定が全くなく，そのまま年金生活に入る場合は「働く能力」はあっても「働く意思」があることにはなりませんので，失業保険を受給することはできません。2つ目は実際に失業状態にあり，意欲的に再就職活動をしていることです。

　失業状態とは，1つ目の要件の「働く意思と能力」を兼ね備えているものの，現実に職業に就くことができない状態です。これは，仕事を全く選ばないとしても職業に就くことまでは求められません。憲法で「職業選択の自由」が保障されていますので，これまでの職業生活で培った能力や経験が活用しにくい職業に就くことまで（ハローワークから）拘束されることはないということです（もちろん，残りの人生では，あえてこれまでの職業生活で培った能力や経験とは別分野に挑戦してみたいというニーズもあるでしょう）。

　また，失業保険は原則として退職後1年間の間に受給しなければなりません。

　「充電期間」は働く能力は備えていても働く意思があるとは言えませんので，「不正受給にあたるのか？」という相談があります。定年退職の場合は，定年退職後2か月以内に定年退職者の住所地を管轄するハローワークに延長申請をしておくことで，受給期間を最大で1年間延長させることができます。この延長申請をしておくことで，受給期間が刻々と進んでしまい，「充電期間」が終わった時には失業保険を受給できる期間が残っていなかったというリスクを回避することができます。

　失業保険を受給するための一定の加入期間とは，離職の日以前2年間に被保険者期間が通算して12か月以上あることです。なお，被保険者期間と

は，給与の支払い対象となった日数が11日以上ある月です。あくまで給与の支払い対象となった日ですので，例えば，定年退職前に有給休暇をまとめて消化して退職月に1日も出勤がなかったとしても，有給休暇は，法律上唯一給与の支払い義務がある休暇ですので，被保険者期間の日数に含まれます。

＊　　＊　　＊

　定年退職を数か月後（あるいは数年後）に控えた方からの相談で多いのは，失業保険と老後の年金は両方受給することができるのかというものです。まず，両方の給付の趣旨を整理しましょう。失業保険は，失業状態かつ求職活動をしている方に対する給付であるのに対して，老齢年金は退職後の生活保障としての給付ですので，給付の趣旨が異なっています。

　ひとえに老齢年金と言っても，年金制度の1階部分にあたる老齢基礎年金は65歳から受給開始となります。また，2階部分にあたる老齢厚生年金は65歳から受給開始の老齢年金（便宜上，本来支給の年金とする）と，65歳よりも前から受給開始（2023年時点で定年退職を迎える方は生年月日に応じて）となる「特別支給の老齢厚生年金」の2つが存在します。

　重要なポイントは，失業保険を受給すると特別支給の老齢厚生年金が止まってしまうという意味です。

　このような調整規定が存在する趣旨としては，2つの要因が考えられます。1つは失業保険と老齢年金の2つを給付するということは「過剰給付」となり，「過剰給付」は就労意欲を阻害する要因ともなりうるためです（働くよりも給付生活を送っていたほうが得になる）。2つ目は給付財源も無限に存在するわけではなく，財源の健全化に資するために一定の調整規定が置かれていると考えられます。

　ご相談に来られた方に上述の説明をすると，「保険料の額としては雇用

保険料よりも厚生年金保険料のほうが高額であるにもかかわらず，年金の
ほうが止められてしまうのは納得できない」との声があります。この部分
については，失業保険の給付対象になるとういことは「退職者」ではなく，
「求職者」だということを説明することにしています。言い換えると「現
役の労働者（たまたまその時点では職業に就いていないにすぎない）だか
ら」ということです。

　他方，老齢年金の受給者の場合は，退職者（今後労働収入がなくなると
いうリスクに対して年金を給付する）であることから，年金を優先的に支
給するという理屈となります。

＊　＊　＊

　ところで，本来支給の老齢厚生年金は調整がかからないというものの，
繰り上げ請求（65歳よりも早く年金を受給する）をした場合は現実に65歳
よりも前に年金を受給することとなるため，「調整」が入ります。

　実際の支給調整が入るのは，65歳未満で失業保険の受給資格を得ている
方が，「ハローワークに求職の申し込みをした翌月」から失業保険の所定
給付日数分を受け終わったときや，失業保険の延長給付を受けている場合
は当該延長給付を受け終わったときまでの期間です。

　年金は「日割り」で支給するという概念はありません（例えば12月3日
に他界したとしても12月分までは年金は支給対象となる）。他方，失業保
険は，年金と異なり「日単位」で支給されます。そこで，実際に全く失業
保険の受給をしなかった月がある場合は，年金は調整されることなく支給
されます。これを「事後精算」と呼びます。

　失業保険と年金を両方受給できるものの，年金が支給調整される典型的
なパターンは特別支給の老齢厚生年金を受け取る方です。例えば，男性で
昭和39（1964）年4月2日生まれの方です。この年齢の男性は，64歳から

老齢厚生年金の報酬比例部分が受給開始となります。

　第1章でお伝えしたように，老齢厚生年金は旧来60歳から受給開始とされていたものの，少子高齢化社会等の影響に鑑み，平成12（2000）年の法改正によって受給開始年齢が60歳から65歳へ引き上げられることとなりました。しかし画一的に60歳から65歳に引き上げてしまうと，例えば，既に年齢が60歳間近で60歳受給開始を前提に生活設計を立てていた方には重大な不利益が及んでしまうことが容易に想像できることから，生年月日ごとに段階的に受給開始年齢が引き上げられた経緯があります。

　この段階的に受給開始年齢が引き上げられている老齢厚生年金を「特別支給の老齢厚生年金」と呼び，この部分の老齢厚生年金が失業保険との調整対象となる年金です。65歳から受給開始となる「本来支給の老齢厚生年金」は失業保険との支給調整対象となる年金ではありません（もちろん，繰上げ請求した場合は65歳よりも前から受給開始となるため調整対象となります）。

　両方の受給権をもっていながらタイミングによっては調整されてしまうということから，ここまでの話を聞いた多くの方が，定年退職後は少し「充電期間」（人によっては休息期間）を経て新たな仕事に挑戦したいと思われたのではないでしょうか。

40

【特別支給の老齢厚生年金の受給開始年齢】

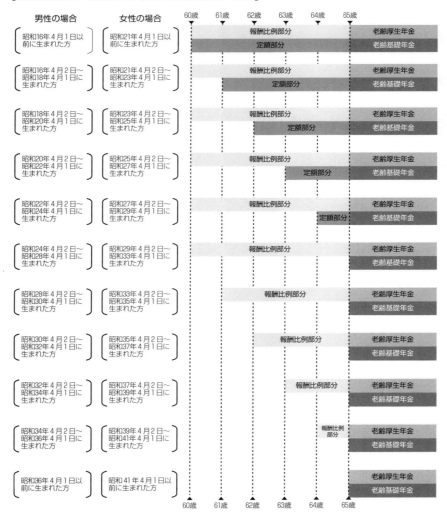

（出典）日本年金機構（https://www.nenkin.go.jp/service/jukyu/roureinenkin/jukyu-yoken/20140421-02.html）

4　雇用保険との調整　その 2

　60歳到達前後を通じて会社からの給与額が減額となることは少なくありません。

　60歳以後の給与が60歳到達時の給与よりも75％未満に低下している場合に下記の「要件」を満たすことでハローワークから給付金が支給される制度を「高年齢雇用継続基本給付金」といいます（雇用保険制度の「高年齢雇用継続給付」という区分の中にあります）。

【要件】

> ア　支給対象月の初日から末日まで雇用保険の被保険者であること
>
> イ　60歳以上65歳未満の一般被保険者であること
>
> ウ　被保険者であった期間が 5 年以上あること[※1]
>
> エ　支給対象月中に支払われた賃金額が，支給限度額未満であること[※2]
>
> オ　申請後，算出された基本給付金の額が，最低限度額を超えていること[※3]
>
> カ　支給対象月の全期間にわたって，育児休業給付または介護休業給付の支給対象となっていないこと

※ 1　被保険者であった期間

　　雇用保険の被保険者として雇用されていた全期間を指します。また，離職等によって被保険者資格を喪失し，新たな被保険者資格の取得までの間が 1 年以内であることおよび，その間に失業保険等を受給していない場合は，過去の「被保険者であった期間」も通算されます。

※ 2　支給限度額

　364,595円（令和 4 （2022）年 8 月 1 日改正。以後毎年 8 月 1 日に変更）

※ 3　最低限度額

2,125円（令和4（2022）年8月1日改正。以後毎年8月1日に変更）

　【要件】エの支給限度額は，当該額を超えるような給与を受けているということは一般的にはある程度の給与収入を得ているとの見方がされ，ハローワークからの賃金補塡の必要性が乏しいという趣旨です。

　オの最低限度額は，給付額を計算した結果，給付額として少額となった場合は支給対象から除くという趣旨です。給付額については最高で各月の給与の15%となります。

　上述の金額は勤労統計調査の平均給与額の増減を元に毎年8月1日に変更となります。もちろん，この変更を契機として同給付の受給対象となることも考えられます。

　高年齢雇用継続基本給付金は65歳到達月まで給付対象となりますが，特別支給の老齢厚生年金も65歳前から支給開始となります。お察しの通り，高年齢雇用継続基本給付金も失業保険と同様に特別支給の老齢厚生年金との併給はされず，年金のほうが一部支給停止されます。

　これは，一定以上の報酬を得ている関係で，既に在職老齢年金制度によって一部支給停止されている方に対しても，在職老齢年金制度とは別に支給停止されます。なお，支給停止される額は最高で標準報酬月額の6%となります。

　また，雇用保険制度の「高年齢雇用継続給付」という区分の中には，「高年齢再就職給付金」という給付金制度もあります。この給付金を受給する場合にも高年齢雇用継続基本給付金と同様に年金が支給調整の対象となってしまいます。

　高年齢再就職給付金の要件は高年齢雇用継続基本給付金とほぼ同じ要件ですが，加えて高年齢再就職給付金は失業保険を受給して再就職した方を対象とする給付金であり，再就職した前日における失業保険の残日数が100日以上あり，同一の就職について再就職手当の支給を受けていないこ

と、1年を越えて引き続き雇用されることが確実であると認められる就職であることが要件とされています。

　この給付金と年金との支給調整ではよく誤解されていることがあります。初回の高年齢雇用継続給付金の支給申請が認められた場合にはその後に高年齢雇用継続給付の支給申請を行わなかったとしても高年齢雇用継続給付の支給申請が可能である間は、老齢年金の支給停止が解除されないということです。

　支給対象者が退職したとき、65歳に到達したとき、高年齢雇用継続給付金の支給申請を行わなかった月以後において高年齢雇用継続給付金の不支給決定等の情報が日本年金機構に提供されたときのいずれかに該当した時は、支給停止が遡及して解除され、高年齢雇用継続給付金の支給申請を行わなかった期間中の老齢年金が支給されることとなります。

44

【特別支給の老齢厚生年金の支給停止の基本的な仕組み】

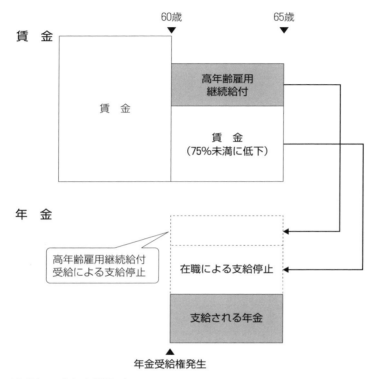

（出典）日本年金機構（https://www.nenkin.go.jp/service/jukyu/roureinenkin/koyou-chosei/20140421-02.html）

2 良かれと思ってやっていることに問題あり

　年金が思ったより少ない原因が，将来の年金受給のために良かれと思ってやったことにあることもあります。

1　在職老齢で年金がカットされたくないので退職した

　33ページで，老齢厚生年金には，一定以上の報酬と年金を受給している場合には，年金額がカットされる制度として在職老齢年金があることをお伝えしました。

　繰り返しになりますが，次の3つを合わせて（令和5年度は）48万円（年度により変動する場合あり）を超えてしまう場合は，超えた部分の半分を年金からカットする制度が在職老齢年金制度です。

　　ア　年金（月額に換算したもの）
　　イ　給与（標準報酬月額）
　　ウ　賞与（月額に換算した標準賞与額）

　イとウを「総報酬月額相当額」と呼びますが，これは厚生年金加入者の標準報酬月額とその月以前1年間の標準賞与額の総額を12で除した額の合計額です。

　在職老齢年金制度の対象となるのは厚生年金に加入している方です。た

だし，厚生年金は70歳の誕生日の前日で資格喪失となります。「被保険者」（69歳以下で厚生年金に加入している方）であった方が70歳以降も厚生年金適用事業所で働き続ける場合は「被用者」となり，厚生年金の保険料は発生しないものの，在職老齢年金制度の対象となります。被用者については，相談が多い論点ですので，以下に集約します。

【「被用者」となる方】

- 厚生年金保険適用事業所で働く70歳以上の方
- 70歳前に厚生年金保険に加入した期間がある方
- 70歳未満であった場合には厚生年金保険の被保険者となるような働き方をしている方

　60歳で定年となり，再雇用契約で70歳を超えても働く場合は，引き続き在職老齢年金制度の対象となるため，「社会保険料の中でも最も高額な保険料を長期間納めてきたのに本来受給できるはずの年金がカットされてしまうのは納得できないため退職した」という声を聞くことがあります（もちろん，仕事だけが人生ではありません。退職することによって余生に多くの時間を投入できるというメリットを感じて退職される方もいます）。

　しかし，在職老齢年金制度の適用対象外となる方法は，退職に限定されるわけではありません。例えば，役員ではなく労働者の場合は，労働時間を一定時間以下に短くすると厚生年金の資格を継続できませんので，厚生年金の資格を喪失することになります。厚生年金の資格を喪失することは退職に限定されず，このように労働時間が通常の労働者（一般的には正社員）の４分の３を下回る契約となった場合も厚生年金の資格喪失となります。

【厚生年金の資格取得要件】

- 1週間の所定労働時間が正社員の4分の3以上
- 1か月の所定労働日数が正社員の4分の3以上

　一般的に週の所定労働時間は40時間です。なお，常時10人未満の労働者を雇用する特定の業種※の場合は，週の所定労働時間は40時間でなく，週44時間とする（このような事業所を特例措置対象事業場といいます）特例が設けられているので注意が必要です。

【特定の業種】

商業	卸売業，小売業，理美容業，倉庫業，その他の商業
映画・演劇業	映画の映写，演劇，その他興業の事業
保険衛生業	病院，診療所，社会福祉施設，浴場業，その他の保健衛生業
接客娯楽業	旅館，飲食店，ゴルフ場，公園，遊園地，その他の接客娯楽業

　仮に週の所定労働時間は40時間かつ月の所定労働日数が20日の企業の場合には，週に32時間かつ月に16日以上の勤務の場合は社会保険の加入対象者という整理になります。なお，「4分の3」の考え方は時間と日数の両方を指しています。時間は週当たりの労働時間と月当たりの労働時間であり，日数とは労働日数のことです。

　なお，契約上と実態の乖離についても習熟しておくことが求められます。残業が続いた場合は，「連続」して3か月4分の3を超えた場合，3か月

48

目の初日に資格取得することとなります。

　一方で，社会保険の適用拡大が段階的に進められています。次の5つの要件をすべて満たすと社会保険加入対象者となります。

【社会保険の加入対象者要件】

- ●週の所定労働時間が20時間以上であること
- ●賃金の月額88,000円以上であること
- ●雇用期間が2か月を超える見込みであること
- ●学生でないこと
- ●被保険者の総数が101人以上（2024年10月〜51人以上）

　社会保険の被保険者となると，社会保障が手厚くなること（例えば老齢厚生年金の増額や傷病手当金の支給対象）や，年金財政の安定化に資することにつながります。

　他方，「厚生年金の資格も有していることから在職老齢年金の対象になるため，年金をカットされる誘因となるのではないか」との声もあることは，これまでお伝えしたとおりです。しかし，「適用拡大によって」厚生年金に加入する程度の働き方であれば，標準報酬月額が上位に位置するとは考え難く，年金額や標準賞与額がよほど高額でなければカットの対象になることはありません。

　「退職」することで在職老齢年金の対象からは確かに外れますが，年金（2か月に1回，偶数月に2か月分を支給）よりも定期的に支給される労働収入（労働基準法上毎月1回は支払われる）がなくなることのほうが重要でしょう。退職することによって自由に使える時間はもちろん増えるけれども，生きていく以上，ある程度のお金は必要ですし，在職しておくことで，昇給や賞与が支給される可能性もゼロではないことから「在職老齢

年金」のみで定年後に働くか否かを判断するのは適切とは言えません。

　また，これも既にお伝えしたとおり令和 4 （2022）年 4 月に在職老齢年金制度の改正が行われて，在職老齢年金制度は65歳以上と65歳未満でカットされる基準額が同じ48万円となりましたので，いわゆる高報酬層に位置しなければカットの対象にならなくなっています。

　決算賞与が出た影響で稀にカットされてしまったということは，もちろんありえます。しかし，役員等を除き，常態として全額カットのケースは少なくなっています。数年前に年金事務所や専門家に相談をしたたままでその後法改正情報がアップロードされていない場合は未だに「28万円」の基準で考えられているケースにも遭遇します。注意が必要です。

2　継続就労だと年金が増えないので退職した

　老齢厚生年金のルーツは，昭和17（1942）年に創設された「労働者年金保険法」で，昭和19（1944）年に本法が厚生年金保険法に改称された歴史が物語るように，年金には労働者に対しての老後の所得保障という側面があります。

　一般的に労働者は引退すると労働収入がなくなり，生活が困窮することとなるため，年金額は引退前よりも引退後により多くの額が必要となります。そこで，「退職時改定」という制度があります。これは，端的には会社を退職した場合に年金額が改定されるという制度です。

　言い換えると，給与天引きによって毎月厚生年金保険料は引かれ続けているものの年金額は（退職していないため）増えないということです。やはり，社会保険料の中でも最も高額である厚生年金保険料が引かれ続けているだけで数字に反映されていることを実感できないとなれば継続就労の意欲も削がれると言えます。

　あくまで年金は老後の所得保障という位置づけなので，事故や病気への

罹患によって，障害を負ってしまうことや，親族の他界等がなければ引退後まで年金給付を全く受けることがなくてもやむを得ないのですが，いざ年金が受給開始されると気になってしまうという声が少なくありません。

　繰り返しになりますが，平成12（2000）年の法改正によって老齢厚生年金の受給開始年齢は60歳から65歳へ引き上げられています。我が国の定年年齢の下限は一部の業種を除き60歳であるため，60歳から65歳までの間に無収入期間が生まれてしまいます。そこで，希望者全員に対して65歳までの雇用確保措置が義務づけられたわけです。

　そしてこれも繰り返しになりますが，平成12（2000）年の法改正通りに画一的に60歳から65歳に引き上げてしまうと，例えば，既に年齢が60歳間近で60歳受給開始を前提に生活設計を立てていた方には重大な不利益が及んでしまうことが容易に想像できることから，生年月日ごとに段階的に受給開始年齢が引き上げられたのでしたね。

　この段階的に受給開始年齢が引き上げられている老齢厚生年金（「特別支給の老齢厚生年金」）について，執筆時の2023年でも（繰上げ請求者を除いても）65歳を前に年金を受給している方は数多くいますので，「退職時改定」の制度に疑問符を持たれている方は少なくありません。

　一方で，令和4（2022）年からの法改正により，65歳以上で仕事を継続しながら厚生年金に加入（老後の年金の受給資格もあり）している場合には，毎年1回年金額を改定するという仕組み（これを「在職定時改定」と呼びます）もあるのはご存知でしょうか。

　毎年，「9月1日の時点」で厚生年金の被保険者である場合は，前月である8月までの加入実績を勘案し，「10月から」年金額の改定を行います。年金制度上，10月分の年金額は12月に支払われます。年金の支給はその月に支払われるものは「前月までの2か月分」が支給される仕組みとなっていることから，10月分は12月に支払われるということです。一定のタイムラグは感じてしまいますが，毎年の労働実績が数字として，年金額へ反映

されるようになっています。

　注意を要するのは，老齢年金の受給資格を持つ65歳以上で厚生年金に加入しながら仕事を継続する方です。

　老齢厚生年金は，生年月日に応じて65歳よりも前から受給開始される方が多いものの在職定時改定はあくまで65歳以降の方が対象となるため，厚生年金への加入期間の上限が「70歳まで」であることを考慮すると，実質的に最大でも 5 年間のみの取扱いということになります。一定の制限があることは，間違いありませんが，これによって，旧来のように「退職まで年金が全く増えない」という「不満」は少しずつ解消されつつあります。

　この改正は年金受給資格を持つ方にとってはプラスの法改正と言えます。しかし，デメリットに働いてしまう場合も一部あります。

　それは，在職定時改定によって，より早期に年金額が全部または一部カットされる可能性が高まるということです。

　社会保険は毎年 4 月から 6 月に支給された給与を 7 月10日までに報告する算定基礎届があります。定年退職前後でそこまで大きく給与に変動がない場合は，一般的には「標準報酬月額」は変動がないと考えられますが，在職老齢年金は計算の基礎に「年金額」も含めます。「年金額」は老齢厚生年金の報酬比例部分ですが，標準報酬月額は同じであっても被保険者期間の月数は増え続けますので，年金額が増額改定して，在職老齢年金のカットの対象となるということは起こりえます。

＊　　＊　　＊

　他にも法改正によって注意すべき点があります。加給年金や振替加算※の加算停止の手続きが発生することが想定されることです。加給年金とは厚生年金保険の被保険者期間が20年以上（共済組合等の期間がある場合は例外あり）ある方が，65歳到達時点（あるいは定額部分支給開始年齢に到

達した時点）で，その方に「生計を維持されている」配偶者または18歳年度末に達する前の子（障害状態にある場合は20歳未満）がいるときに老齢厚生年金に一定の加算が行われる制度で，年金版の扶養手当と言えるものです。なお，「生計を維持されている」とは，加給年金対象者が次のいずれの要件も満たしていることをいいます。

【生計を維持されている配偶者または子がいる加給年金対象者の要件】

- 生計を同じくしていること（同居しているまたは別居していても仕送りをしていることや健康保険の扶養親族等であること）
- 前年の収入が850万円未満であること，または所得が655万5千円未満であること

　令和5（2023）年度における加給年金の金額は，配偶者については228,700円，1～2人までの子については228,700円，3人目以降の子については76,200円です。また，配偶者の加給年金には，生年月日に応じて33,800円から168,800円（令和5（2023）年度）の特別加算がつきます。

※振替加算とは……

　老齢年金に一定の加算をする制度です。旧来，加入が任意とされていた専業主婦（夫）を健康保険法の被扶養者に相当する「国民年金第3号被保険者」として国民年金に強制加入させることになった際に，旧法時代の「未加入期間」が影響し，国民年金から支給される老齢基礎年金を受給できるようになっても，年金額が低額であることが問題となったことを受け，昭和61（1986年）に国民年金法の大改正がされました。

　これに伴い，昭和61（1986）年4月1日の新法施行時点で既に「20歳以上」であった大正15（1926）年4月2日（大正15（1926）年4月1日以前生まれは旧法を適用）から昭和41（1966）年4月2日までの間に生まれた方の（少なくとも満額の老齢基礎年金を受給できない可能性が極めて高い）老齢基礎年金に対する一定の加算として，

「振替加算」が創設されました。

　例えば共働き世帯で在職中の夫が，65歳時点では厚生年金への加入期間が18年で定年退職後も70歳まで同じ職場で継続就労したとします。改正前は「厚生年金への加入期間が20年以上になって退職した場合」または「70歳時」に加給年金の加算手続きを行っていたところ，在職定時改定により 2 年経過後の67歳の時に厚生年金加入期間が20年となるため，加給年金の加算手続きが必要となります。

　なお，振替加算については，夫（妻から見て年上とする）が20年以上加入した厚生年金を受給中で妻も厚生年金加入期間は18年とします。そして妻も70歳まで働くとした場合は，改正前は「厚生年金が20年以上となり退職した場合」または「70歳」で振替加算の停止手続きを行っていたところ，在職定時改定が導入後は68歳で厚生年金が20年となることから，振替加算の停止手続きが必要となります。

3　高年齢残業で挽回？　と転居の時期

　60歳定年後も働く場合，賃金が一定額低下してしまうことがあります。そのような状況下であっても就労意欲を喪失することなく労働できるように本章の「**１　4　雇用保険との調整　その2**」でもお伝えしたように，60歳から65歳までの間に限り，ハローワークから給付金が支給される制度として，「高年齢雇用継続基本給付金」があります。

　ここで，定年退職後も今の会社に残って働くという決断をし，低下した賃金と高年齢雇用継続基本給付金が生活の糧という方がいるとします。このような方で，高年齢雇用継続基本給付金は 2 か月に 1 回，ハローワークから労働者が指定する口座へ直接振込みが行われますが，支給額が減額どころか，全く支給されなかったという相談が私のところにありました。

　こうした場合，その月は残業が多く発生してしまい，思いのほか残業代が多く支給されたことが原因となっていたということは多いです。

　賞与の望みは薄く，副業兼業が禁止の企業となれば，おのずと残業代で生活費を賄うという発想になるケースは少なくありません。そのため，残

業をするわけですが，そうすると高年齢雇用継続基本給付金の支給要件の１つである「支払われた賃金が，60歳到達時時点での賃金の75％未満に低下している」を満たしていないとなったわけです。

　高年齢雇用継続基本給付金は非課税であり，残業代は課税であることもあって，せっかくの期間限定の給付金が受給できなくなってしまうのであれば残業代の支給は見合わせたいという声もありますが，残業代は強行法規（当事者の意思に左右されずに強制的に適用される法律）である労働基準法の規定であり，仮に当事者同士で残業代は不要という同意があっても，会社としては支払わなければなりません。

　残業代も雇用保険法上では「賃金」として扱われますので，残業代を含めないという判断はできません。この問題を回避するには生産性の高い働き方をし，可能な限り残業とならないような働き方をすることに尽きます。

　もちろん，高年齢雇用継続基本給付金と老齢厚生年金には標準報酬月額の最大６％を調整する規定がありますが，老齢厚生年金は課税，高年齢雇用継続基本給付金は非課税である点も踏まえると単純な比較はできません。課税対象の場合は一定額以上となることで住民税の対象となることで住民税の増額にも影響します。

　次に，会社によっては通勤手当が６か月分まとめて定期券代として支給されることもあります。これは，会社の規程上，「前払い」しているにすぎませんので，高年齢雇用継続基本給付金の支給申請においては，各月に按分してハローワークへ申請します。よって，「６か月定期代」が「その月」のみに直接的に影響を与えるということはありません。

　通勤手当については，税法上は一定額まで非課税となります。ただし，雇用保険の世界では残業代と同様に賃金として扱います。定年退職後あるいは再雇用契約を結び，一定期間経過後に転居し，遠方から通勤するようになったケースでは，通勤手当も雇用保険法上では「賃金」として扱われますので，高年齢雇用継続基本給付金が支給されなくなるあるいは支給額

が少なくなることは想定されます。

　よって，遠方から通勤（せざるをえない場合を除き）となる場合は，高年齢雇用継続基本給付金との関係性も頭に入れた上で定年後の働き方を計画していくことが重要です。

　もちろん，通勤手当が上昇することによる影響は高年齢雇用継続基本給付金だけに留まらず，社会保険上の標準報酬月額の上昇要因にも含まれます。通常，4月から6月に支払われた給与を報告する算定基礎届以外でも次の3つの要件すべてを満たす場合は月額改定届の対象となります（随時改定といいます）。

【標準報酬月額の随時改定の要件】

- ●昇給または降給等により固定的賃金に変動があった。
- ●変動月からの3か月間に支給された報酬（残業手当等の非固定的賃金を含む）の平均月額に該当する標準報酬月額と旧来の標準報酬月額との間に2等級以上の差が生じた。
- ●3か月とも給与の支払基礎日数が17日（特定適用事業所に勤務する短時間労働者は11日）以上である。

　通勤手当は「固定的賃金」に含まれるので月額改定届のきっかけになるということです。

　また，定年退職後は時給制のアルバイトという働き方もあるでしょう。アルバイトの最低賃金は毎年10月に見直しが行われており，近年は首都圏を中心に1,000円を超えている都道府県も複数あります。最低賃金法も強行法規の1つです。したがって，当事者同時で最低賃金を下回る雇用契約で合意しても最低賃金額が「最低基準額」となります。

　高年齢雇用継続基本給付金の見地に立つと，最低賃金額上昇によって給

付金支給に影響を受ける可能性もありますが，アルバイト代は残業代と異なり，所定労働時間中の賃金額も「賃上げ」となるため，影響を受けない時間帯がありません。

　最後に厚生労働省のモデル就業規則から副業兼業禁止の文言が削除されたことに伴う，再雇用後に副業兼業を行う場合の留意点です。支払われた賃金は，雇用保険の資格を取得している雇用関係先（多くの場合は本業先）から支払われる賃金によって判断すべきとされており，雇用保険に加入していない会社（多くの場合は副業先）での収入は含めません。ただし，副業兼業ではなく，「出向契約」によって複数の事業所で賃金が支払われている場合は，双方を含めて判断することとなります。

4　定年後すぐに失業保険の手続きをする

　60歳から65歳の間で退職する方からの相談で多いのが，「失業保険を受給すると年金が止まってしまう」，「失業保険と老後の年金は両方受給することはできないのか」というものです。

　まず，改めて調整される年金を確認しましょう。失業保険を受給すると止まってしまう年金は65歳前に厚生年金から支給される「特別支給の老齢厚生年金」でしたね。すなわち，65歳から支給される老齢厚生年金や国民年金から支給される老齢基礎年金，遺族年金や障害年金は失業保険と調整されることはありません。

　次に年金の支給スパンを確認しましょう。年金は「支給事由の生じた月の翌月から消滅した月まで」が支給されます。例えば10月 2 日に65歳になる方の場合は，民法上，誕生日の前日に年齢が加算されますので，10月 1 日に65歳に到達します。そうなると65歳到達月（10月）に支給される年金は，「65歳までの間」に受け取ることができる特別支給の老齢厚生年金ということになります。

　また，10月は「支給事由の消滅した月」となりますので，10月までは特別支給の老齢厚生年金の支給月ということになります。整理すると，65歳到達月（10月）は特別支給の老齢厚生年金の受給権を失権する月であり，65歳からの老齢厚生年金の受給権が発生する月ということです。

　次に，失業保険の仕組みを確認しておきましょう。失業保険は自動的に振り込まれることはなく，受給するには，ハローワークへ「求職の申し込み」をしなければなりません。

　また，失業保険は，離職理由や雇用保険の被保険者であった期間，年齢等によっても給付額が異なります。例えば，自己都合退職ではなく，解雇や退職勧奨により離職した場合は，「特定受給資格者」という区分に分類されるため，自己都合退職よりも早期に失業保険を受給でき（自己都合退職の場合は，原則として2か月間の給付制限期間が設けられている），かつ，給付額も自己都合退職よりも多くなります。

　ただし，どのような離職理由であっても離職後初めてハローワークに来所して求職の申込みを行い，離職票を提出した日から通算して7日は「待期期間」とされ，失業保険は一切受給できません。待期期間（給付制限期間がある場合は給付制限期間も）が明けた後，認定日にハローワークへ来所することで，28日分ごとに所定給付日数（失業保険を受給できる日数）がゼロになるまで失業保険は給付されます（受給期間は，原則として離職した日の翌日から1年間で，受給期間満了日までに受給する必要があります）。

　ここで改めて，失業保険と特別支給の老齢厚生年金が調整される仕組みを確認しましょう。求職の申込みをした場合にすぐ特別支給の老齢厚生年金が止まってしまうということではなく，特別支給の老齢厚生年金が止まるのは「求職の申込みをした翌月」からです。

　「離職理由」については，会社と本人の認識で相違が出ることもありますが，最終決定するのは，退職者の居住地を管轄するハローワークです。

言い換えると，離職票に記載された離職理由に対して異議がある場合は申立てをして訂正することが可能です。もちろん，退職者の申出のみで訂正されることはなく，必要に応じて前職場へ問い合わせが入る場合もあります。

　そして，失業保険で重要なのは，「65歳前に退職」する場合と「65歳以後」に退職する場合では，失業保険の名称と給付額が全く異なるということです。「65歳前に退職」する場合は，いわゆる失業保険として，原則として1年間の中で28日分ごとに継続して給付が行われます。「65歳以後」の退職の場合は，「高年齢求職者給付金」となり，一時金かつ，給付額も少なくなります。どちらの給付金になるのかを決めるのは退職日です。

　失業保険と年金との調整に話を戻します。「65歳からの老齢厚生年金」が実際に支給されるのは，65歳1か月（65歳到達月の翌月であり，本事例の場合は10月1日に65歳になったので，支給は11月から）ということになります。一般的には失業保険も年金も事前の概算の算出は可能です。失業保険の給付額の算定も，現在は自己責任においてインターネットで簡単な試算は可能となっています。

　他方，年金の場合はこれまでの職歴等が複雑に絡み合っているため，より精度の高い概算を知りたい場合は年金事務所で算出してもらうのが無難です。両方の額を事前に把握することは可能ですが，多くの場合は，年金よりも失業保険のほうが金額は高く，離職後すぐに失業保険の手続きをしがちではあります（繰り返しになりますが，失業保険を受給するには休職の申込みをしなければなりません）。

　求職の申込みを「65歳到達月以後」に行うことで年金と失業保険の受給は可能となりますが，65歳1か月で受給する失業保険については注意が必要です。

　失業認定日が65歳1か月以内である場合は，認定を受ける「28日」の中に1日でも65歳到達月（1日〜末日）が入っていると65歳到達月の年金

（特別支給の老齢厚生年金）は調整が入るため，支給停止されてしまいます。労働収入がなくなるのですから，可能な限り失業保険を受給したいと考えがちですが，上述の制度上の仕組みは理解しておきましょう。

　いつ時点で定年退職となるのかは会社の就業規則で定められており，自分自身でコントロールできる余地はほぼありませんが，ハローワークへいつ求職の申し込みに行くのかは自分自身でコントロールできる部分です。

5　在職老齢年金制度によって年金が止まっているのに，年金受給開始年齢を繰り下げている

　令和4（2022）年より，旧来，70歳が上限であった年金受給の「繰下げ」は75歳までできるようになりました。

　繰下げの最大のメリットは1か月あたり0.7％年金が増額することです。制度上，繰り下げる場合は少なくとも1歳は繰り下げなければなりませんので，繰下げ後の最も早い受給開始年齢は66歳となります。66歳以降は，その後1か月ごと（例えば，66歳と1か月の繰下げ）等の選択も可能です。仮に繰り下げずに65歳から年金を受給する場合で，1年間に100万円の年金を受給することができる場合には，0.7％×12か月＝8.4％の増額となり，単純計算で1年で84,000円増額した年金を一生涯受給することができるということです。

　「低金利時代」となった今，銀行に預け入れておくだけでこの利息をつけるのは事実上不可能なので，このメリットを享受すべく，繰下げを検討する方は多くなりました。75歳まで繰り下げることで0.7％×120か月＝84％の増額となりますので，繰下げは魅力があることは確かです。

　また，「繰上げ」の場合は，厚生年金と国民年金の片方のみ繰上げという選択はできませんが，「繰下げ」は，厚生年金と国民年金の両方の繰下げやいずれか一方のみの繰下げも選択可能です。

　統計上は繰下げの申出は１％程度と低調ではあるものの，繰下げ可能年齢の拡大や繰り下げたことによるメリットが徐々に浸透されつつあることから，今後，繰下げを申し出る方はより増加傾向に転ずると考えます。

　ただし，繰下げを選択すると例外なく増額するというわけではありません。例えば，在職老齢年金制度の影響により65歳到達月の翌月分以降の老齢厚生年金の報酬比例部分が全額カットされている方については，たとえ通常通り受給していたとしても受給できていなかったこととなるため，繰下げをしたとしても，老齢厚生年金の報酬比例部分は全く増額しません。老齢厚生年金には報酬比例部分と経過的加算部分があり，経過的加算部分は在職老齢年金の影響がない部分です。

　最も精神的にダメージが大きいケースは，この在職老齢年金によって老齢厚生年金の報酬比例部分が全額カットとなる対象者です。受給開始年齢を繰り下げたと思っている年金が，そもそも支給されていないにもかかわらず，年金は着々と増額していると誤認してしまうのです。言うまでもなく，誤解したまま老後の生活を迎えることほど怖いものはありません。このパターンに合致する方の傾向としては役員や部長職クラスの報酬を得ていて無理して年金を受給しなくても生活が成り立つ方です。

　なお，報酬比例部分とは，在職中の給与や賞与と厚生年金への加入期間を元に計算されたものです。他方，経過的加算部分とは，１階部分である国民年金から支給される老齢基礎年金で，こちらは，20歳から60歳までの間の保険料納付等によって年金額が決定します。厚生年金の被保険者は国民年金の第２号被保険者であるにもかかわらず，60歳以降も厚生年金保険の被保険者となっても老齢基礎年金には年金額として，反映できる仕組みがありません。そこで「国民年金相当分」として，厚生年金に反映させているものです。

6　早期優遇退職制度へ応募して退職する

　自己都合退職よりも解雇や退職勧奨によって退職したほうが失業保険は早くかつ多く受給できるという情報は間違いではありません。解雇や退職勧奨による失業保険の受給資格者は，「特定受給資格者」と言い，再就職の準備をする時間的な猶予がなく離職を余儀なくされたという扱いですので，自己都合退職よりも失業保険は早くかつ多く受給できます。

　もちろん定年退職の場合は，特定受給資格者には当たりません。例えば，「介護問題」等と異なり，定年退職日は「いきなり定年になった」ということはないはずです。会社の就業規則にて，60歳に到達した直近の年度末や，60歳に到達した月の末日等，一定のルールが規定されているため，あらかじめ退職日が予測できるためです。

　自己都合退職と同様に給付制限期間を課すのは（完全な自己都合退職とは言えないため）適切ではありませんので，定年退職の場合，給付制限期間はありません。

　それとは別に企業によっては「早期優遇退職制度」という制度があります。一般的には定年退職前等に労働者自らの意思で自主的に応募して退職できる制度です。

　欧米では業務の内容に応じて給与が決まる職務給制度が主流ですが，日本の場合は勤続年数が延びるにつれて給与も上がる「年功序列制賃金」が主流です。この点は欧米との明らかな相違点です。もちろん，新卒から定年まで常に毎年1回は昇給する年功序列制賃金を維持し続けられるほどの体力を持つ企業は少数派ではあります。

　そうなると，年齢を重ねるごとに経験に裏打ちされた知識やスキルは蓄積されていくものの，人手不足の現代において，将来にわたって継続的な労務提供は難しいと言えます。そこで，早期優遇退職制度への応募を募り，

人件費を抑えることができれば，企業としてはその人件費を若年層の労働者へ割り振ることができます。

　早期優遇退職制度へ応募した場合の失業保険の取扱いの考え方は，２つに分かれます。

　１点目は旧来から恒常的に実施されている早期優遇退職制度に応募した場合の退職は自己都合退職扱いとするというものです。すべての企業が該当実施しているわけではありませんが，早期優遇退職制度の応募を募る際には退職金の加算が行われることや，退職者にとって有利な取扱いがあることもめずらしくありませんので，このような建て付けとしています。

　２点目は実質的に事業縮小やリストラのために臨時的に実施された早期優遇退職制度に応募して退職した場合は会社都合退職となりますので，自己都合退職よりも失業保険を早期かつより多く受給できる区分に分類するというものです。

　会社によっては名称を「早期優遇退職制度」や「希望退職制度」と呼んでいることもあります。労働法の前提は「労使対等」の立場を明記しています。

参考　労働基準法第二条（労働条件の決定）
労働条件は，労働者と使用者が，対等の立場において決定すべきものである。
２　労働者及び使用者は，労働協約，就業規則及び労働契約を遵守し，誠実に各々その義務を履行しなければならない。

参考　労働契約法第三条（労働契約の原則）

労働契約は，労働者及び使用者が対等の立場における合意に基づいて締結
し，又は変更すべきものとする。

2　労働契約は，労働者及び使用者が，就業の実態に応じて，均衡を考慮
しつつ締結し，又は変更すべきものとする。

3　労働契約は，労働者及び使用者が仕事と生活の調和にも配慮しつつ締
結し，又は変更すべきものとする。

4　労働者及び使用者は，労働契約を遵守するとともに，信義に従い誠実
に，権利を行使し，及び義務を履行しなければならない。

5　労働者及び使用者は，労働契約に基づく権利の行使に当たっては，そ
れを濫用することがあってはならない。

　しかし，実態としては会社と労働者が対等の立場にいることは少ないと
言えます。早期優遇退職制度の場合，会社側から「募集」する形態である
ため，ある程度踏み込んだ確認がしやすいですし，失業保険の受給額にも
直結する論点となるため，慎重な確認が求められます。

　最も避けたいのは，自身の認識では会社都合退職と認識した早期優遇退
職制度であったものの，離職票の区分が自己都合退職となってしまう場合
です。会社への在籍年数が長ければ早期優遇退職制度が恒常的に行われて
いたのか，あるいは，事業縮小やリストラのために臨時的に実施された制
度なのかは判断できるかもしれません。ただし，その制度の目的が，ある
一定年齢以上の労働者の人件費削減であった場合は，情報の開示が限定的
であった可能性もありますので，その点も踏まえておくべきです。

30秒でフィードバックする
本章のまとめ

---

1. 年金が「思ったより少ない」には何らかの理由が必ずある。

2. 社会保障制度を活用するのはメリット・デメリットを吟味してから。

3. 「準備すること」と「得たい効果」の方向性が合っているのかを要チェック。

4. 「良かれと思って」していることが誤っていることは自分では気づけないため，定期的に年金事務所や専門家に相談するのも一案。

5. 離職理由の確認は念入りに。

第 3 章

定年後の就労，年金で
納得いく結果を得ている人が
していること

　働き方改革の影響もあり，色々な働き方がクローズアップされています。もちろん，現在の職場の人間関係や体力的な問題など，新しい働き方を決断するにあたっては，個々人ごとにいくつかの判断基準があるはずです。働き方に限った話ではありませんが，何らかの変化をする場合には，ゴールから逆算したそれ相応の準備期間を要します。

　また，何かを決断する際には必ずメリットとデメリットが存在します。どの程度までであればデメリットを受け入れられるのか，事前に認識しておくことで「こんははずではなかった」といった事態を回避できる可能性が高まります。本章では働き方の変化に伴い，押さえておくべき論点，年金生活に向けどのような準備が必要かにフォーカスをあてて解説します。

1 業務委託契約と雇用契約の違いを押さえる

第1章でお伝えしたとおり，60歳以降の働き方について，2023年現在の労働法上のルールは次のようになっています。

- 定年の下限は60歳（一部の業種を除く）
- 希望があれば65歳までは雇用確保措置により企業の義務として就労可能（例えば継続雇用）
- 65歳から70歳までは就業確保措置が企業の努力義務としてある

人生100年時代となり，従来よりも長く働く人が増えることが予想される中，定年退職後の「働き方」は，次の3つのどれかとなることが想定されます。

- 雇用契約
- 業務委託契約
- 起業（フリーランス等の個人事業主を含む）

※ 経営状態や自身のスキル等によって，当初締結した契約の途中からでも雇用契約の「変更」はありえます。

　雇用契約は，雇用主である企業（実質的には上司等）から少なくとも「働くべき時間」，「働く場所」（2023年5月に新型コロナウイルス感染症が感染症法上の5類感染症に移行したこともあり，原則在宅勤務からオフィス勤務への変更（この場合は労務提供場所の変更）が指示されることが増えています），「担当業務」の3つが指定されます。

　なお，最低賃金額が上昇した際は，会社が位置する都道府県の最低賃金が最も下限額となるため，それより低い額での雇用契約は自動的に最低賃金額へ引き上がります。

　業務委託契約は，言葉を選ばず申し上げると「外注」です。原則として仕事の進め方や，仕事をする場所も（雇用契約とは異なり）会社が決定することはできません。

　すなわち，雇用契約よりも自由に働ける側面があるものの，雇用契約では当たり前とされる労働基準法による法的な保護や雇用保険や社会保険等の公的保険の対象にならないという点は押さえておく必要があります。雇用契約は使用従属関係となり，法的保護の必要性が高いために，「働くべき時間」，「働く場所」，「担当業務」の3つが指定されるのに対して，業務委託契約にはこうした使用従属関係がないという相違点があります。

＊　　＊　　＊

　業務委託契約と雇用契約どちらがよいのかという議論については，各人ごとに何を重視するのかによって答えは異なります。例えば，定年まで雇用契約で勤め上げ，定年退職を契機にこれまでとは違った，ある程度自由な働き方に挑戦してみたいという人は，定年退職後も雇用契約で働くことに「窮屈さ」を感じることでしょう。他方，年齢を重ねるにつれ，病気がちとなっている状況下で，より公的保険制度の手厚い雇用契約のほうが（働きすぎは問題ですが）働きやすいという方もいらっしゃると思います。

　では定年後の仕事とお金で，満足な成果を出している人はどのような行動をしているのでしょうか（特に社会保険制度に着目）？　本章ではこのことについて考えていきます。

　まず，定年後に納得いく仕事とお金の結果を得ている人は定年退職前に年金事務所に年金相談に行っています。注意点は，単に「行く」ことが目的でなく，次に取るべき行動を決めるための必要な情報を取得しに行くということです。

　この話をすると，「毎年ねんきん定期便も送られてきているのに，平日の日中しか開所していない年金事務所はわざわざ訪問するまでもないのではないか？」という声があるのはもっともです。もちろん定年退職間際となれば，役職によっては引継ぎと日々のタスクが分単位で設定されていて，「年金事務所に相談に行くヒマなんてない」というケースも容易に想像できます。それでも，「定年退職間際」になってから相談に行くのでは取りうる選択肢が少なくなります。

　平成31（2019）年4月1日以降，企業規模を問わず，年10日以上有給休暇が付与されている労働者には，付与日から1年以内に5日の有給休暇の取得が義務づけられています。すなわち，全く有給休暇が取れないというのはその時点で法違反に該当している可能性が高い（理論上，パート等で年10日未満しか付与されない方は5日取得義務の対象ではない）わけで，年金事務所を訪問する時間は有給休暇を使えば作れるはずです（なお，有給休暇は法律上，賃金保障がされている唯一の休暇ですので，理論上，労務提供しなかった期間分が賃金控除されることはありません）。

　さて，年金事務所はただ行くだけでは意味がありません。どのような情報を取得すべきかを押さえた上で訪問しましょう。私が考える最低でも確認しておくべき論点は，次の5点です。

1　手帳番号（手番）の有無
2　未納期間の確認
3　厚生年金加入期間
4　44年特例に該当する場合はいつからか
5　在職老齢年金の適用となる報酬基準額

以下，1〜5について詳しくご説明します。

1　手帳番号の有無

　まず，前提として，年金事務所での年金相談は事前予約制です。時期や場所によっては2週間以上先まで予約が埋まっていることもあるため，可能な限り早く予約を取ることが望まれます。

　また，予約したとしても時間無制限で相談に乗ってもらえるわけではありません。相談時間は原則として30分から60分程度です。やむを得ず，ご自身で訪問できない場合は代理人に訪問してもらうこともできますが，その際は2つ注意点があります。

　1つは委任者自身の手で委任状を記載し，代理人に渡しておくことです。委任するのは相談者自身で，委任状へ記載するのは代理人ではありません。次に，代理人が相談当日に委任状を持って行っても代理人が本当に代理人であるのか証明する必要があります。

　行政機関が発行した顔写真付きの証明書（例えば運転免許証）であれば1点確認で済みますので，委任状と併せて持参しなければ当日は年金相談が開始されません。また，当日，本人が来所できる場合でも本人を証明するもの（例えば運転免許証）の持参は必須です。

　さて，実際の相談内容の「手帳番号の有無」についてです。後述する「未納期間」や「厚生年金加入期間」は自身で管理していればある程度把握で

きているケースはあるでしょうが，「手帳番号の有無」は自身で認識できているケースはほぼありません。

　「手番」（「手帳番号」の略。法律上の正式名称ではありません）のルーツは，「基礎年金番号」（4桁＋6桁の10桁の番号）で，平成9（1997）年1月から導入されています。それまでは各公的年金保険制度ごとの年金番号が付番されていましたので，番号が複数存在するケースが多くあったことから，これらの番号を統一する作業が行われましたが，当時の紙管理から電子管理への移行時に移管が適正に行われなかったこと，社会保険事務に習熟していない事業主の手続き漏れや適正な手続きが行われなかったことなどが重なり，「宙に浮いた持ち主不明の年金記録」（言い換えると，統合されていない（将来の受給に紐づいていない）年金記録）が生じました。

　推計で，未だに1,800万件ほど「宙に浮いた持ち主不明の年金記録」があるとされています。年金相談時（実際の年金請求手続きの時も含む）に，この手番の存在自体は開示してもらえるので，自分の手番が宙に浮いた年金記録に該当するかを確認するのです。

　なお，広い日本国内において，「氏名」と「生年月日」だけの情報ですと，端末の上では全く同じ人物が存在してもおかしくありません。そのような未確定な状況下で他人の年金記録をつなげたとなれば一生涯の年金額に直結することから，大問題となるため，本人確認が取れた場合に当該記録をつなぎ合わせることができます。

　既に複数の年金手帳が手元にある場合は年金記録が統合されていない可能性があるため，年金受給開始前に統合の手続きをすべきなのは明らかですが，年金手帳が手元になく，かつ，年金手帳を紛失または破棄してしまった場合についても検証します。

　前提として手番の存在は被保険者に帰責事由があるとは言えず，制度的な問題点があったために存在しているものであるため，必要な確認が取れれば統合されます。もし，年金手帳がない場合は，本人だからこそ知りう

る情報（例えば職場名）を申し伝えることで統合してもらうことはできます。

　これらの手続きは，定年退職後でも可能ですが，手続きに一定の時間を要することや，職場の手続きに齟齬があった場合は，職場を通じて早々に手続きを依頼できること（退職後では依頼するのに心理的なハードルがあったり，在職者と比べて後回しにされやすい），手続き自体が遅くなれば遅くなるほど未統合の記録が統合された年金を受け取れるのが遅くなるので「終身給付」である老後の年金の総受給額が低くなるというデメリットを考えると，定年退職前に確認すべきです。

2　未納期間の確認

　次に「未納期間」の確認です。まず，年金制度の2階部分である厚生年金は会社に対して保険料の請求が来て，会社が給与天引きした保険料も合算して納める構図となっているので，理論上は保険料の未納はあり得ません。

　他方，1階部分の国民年金の場合は厚生年金とは異なり，自身で納付しなければならず，未納期間が混在しているケースがあります。未納問題が直接的なデメリットにつながるのは次のケースです。

- ●老齢基礎年金の減額
- ●障害年金の受給資格を得られない
- ● iDeCo への加入

　まず，1階部分の国民年金から支給される老齢基礎年金の計算式は「フルペンション減額方式」が採用されており，20歳から60歳までの480か月間にどれだけ保険料を納付しているかによって一生涯の年金額が決定します。

　もちろん，マクロ経済スライド等によって，一定の年金額の上下は起こりえますが，本質的な年金額は20歳から60歳までの480か月間で決定します。一般的には20年近く会社員として厚生年金に加入していた場合は，国民年金から支給される老齢基礎年金よりも厚生年金から支給される老齢厚生年金のほうが多く給付されることが予想されますが，老齢基礎年金のほうも（課税対象とはいえ労働収入がなくなった後では）多く受給できて困ることはありません。

　保険料は2年を経過すると時効により納めることができませんので，未納期間の時期によっては「挽回不可能ではないか？」との声もありますが，国民年金制度には「任意加入制度」という制度があります。

　この制度は，20歳から60歳までの保険料納付済月数が480か月に到達していない方を対象に，保険料納付済月数が65歳までの間に限り，480か月に達するまで任意に保険料を納められる制度です。

　もちろん，納めた保険料は社会保険料控除として申告できますので，収入状況によっては，年金を増やしながら一定の節税効果もある制度です。注意点として，任意加入制度は年齢的に65歳までが上限ですので，例えば会社の定年年齢が60歳だったものの，未納期間の存在を知るのが遅れ，65歳から検討しても加入することはできません。よって，未納期間の存在はより早期に認識しておくべきです。

　任意加入制度を使って，仮に1か月分の保険料（16,520円・令和4（2023）年度）を納付した場合は，年額でおおむね1,620円増額の老齢基礎年金を受給できることになります。すなわち，納めた保険料の「1か月分の元をとる」には，約10年を要する計算になりますが，「終身給付」という点を考えると精神衛生上も，年金を多く受給できて困ることはないでしょう。

　なお，65歳から70歳までの間で，かつ，老後の年金の資格期間の「10年」を満たすまでの間に限り「特例任意加入」という制度があります。ただし，

生年月日が昭和40（1965）年4月1日以前生まれの方で老齢年金の受給資格を有していない方が対象となりますので，今後対象となる方が減少していくこととなります。

＊　＊　＊

　次に保険料の未納によって，障害年金の受給資格を得られないこととなることについて説明します。

　障害年金とは，病気や怪我で一定の障害とともに生きていく方の生活の安定を図るため，年金もしくは一時金として給付を行う制度です。制度上，1階部分の国民年金から支給される障害基礎年金と2階部分の厚生年金から支給される障害厚生年金（障害手当金もあり）があります。両制度の着目すべき相違点は「障害厚生年金」のほうが年金や一時金として認められる等級が広いことが挙げられます。障害年金を受給するには，最低でも次の3つの要件があります。

---

　①　保険料納付要件
　②　初診日要件
　③　障害要件

　「①　保険料納付要件」とは年金加入者が最もコントロールできる部分と言えます。端的には「適切に保険料を納めていたか？」を問う要件です。
　当たり前の話ではありますが，年金「制度」である以上，例外（年金制度に加入できない20歳前の障害）はあるものの，一定の保険料納付要件を課さなければ制度として成り立ちません。
　初診日の前日において，初診日の属する月の2か月前までに，保険料納

付済期間や保険料免除期間を合わせて3分の2以上あることが原則的な保険料納付要件です。また，特例的に令和8（2026）年4月1日前であれば，初診日時点で65歳未満の場合は，初診日の属する月の前々月までの1年間に保険料の未納がないことでも保険料納付要件を満たすこととなります。一定の障害事由が認められても保険料の納付状況によっては要件を満たさない場合があるということです。

　定年が近い方で，長く国民年金に加入し再就職や再就職後の出向等を経て定年退職する場合に思いのほか，国民年金加入期間中の未納期間が長いことがあります。私がご相談を受けたケースでは，原則の保険料納付要件を満たさなかったものの，65歳未満であったことで，特例（直近1年間に未納がないこと）の要件を満たして何とか保険料納付要件を満たしたという事例がありました。

　一定期間の保険料の未納があることで，タイミングによっては，（障害の状態が変わらないことが前提）一生涯受けられたはずの障害年金が全く受給できないことにもつながってしまいます。年齢を重ねるごとに病気や怪我の罹患率は高まるのが通常です。定期的な労働収入がなくなる定年退職後の「もしも」に備えて，保険料の未納がないかは確認しておくべき部分です。

　次に「②　初診日要件」は初診日にどの年金制度に加入していたのかを問うものです。

　国民年金よりも障害等級が広く認められている厚生年金（会社員時代）に初診日があることで障害年金を受給できたというケースがあります。しかし，病気や怪我を契機として障害と認められるタイミングは自分自身ではコントロールし難い部分です。

　それでも，定年退職前に気になる疾患があった場合には，まず，医療機関へ受診をしておくことで，「初診日」の事実が残ることとなります。これが退職後で厚生年金の資格を喪失した後であれば，初診日に厚生年金の

資格がありませんので，国民年金よりも障害等級が広く認められている厚生年金からの障害年金（障害厚生年金）ではなくなります。

「初診日」とは「障害の原因」となった病気や怪我について，初めて医師の診断を受けた日のことを指します。よって，「健康診断」を受けた日は，初診日ではありません。なお，ただちに治療が必要であると認められる場合には申立てをすることで初診日と認められる場合はあります。

会社員に「定年退職」があるように，かかりつけ医のクリニック等も「閉院」することはありえます。カルテは5年保存とされており，現在は，電子カルテも普及していることから，5年前であっても初診日の証明は可能です。

ただし，閉院となれば話は別です。初診日の証明に難渋することも容易に想像できますので，そのような事実が確認できた場合には，全く障害年金受給可能性がない場合を除き，閉院の時期と初診日の証明を取得しておくことで，いざ障害年金の申請を進める段階に至った時にスムーズに手続きが可能となります。

「③　障害要件」で，重要なキーワードとなるのが，「障害認定日」です。障害認定日とは障害の状態を定める日のことで，当該障害の原因となった病気や怪我についての初診日から起算して1年6か月経過した日となります（1年6か月以内に病気や怪我が治った（医学的に症状が固定した場合）場合は，その日が障害認定日となります）。

障害年金の要件としては，「障害認定日」に法令で定められている障害の程度であることが要件とされ，障害基礎年金は障害等級が1〜2級，障害厚生年金は障害等級が1〜3級に該当することが要件です。また，障害認定日時点では障害要件を満たさなかったものの，後に障害の程度が悪くなった場合には，65歳になるまでの間に障害の状態が上述の等級に該当することでも対象となります。

　保険料未納による最後のデメリットは，iDeCoへの加入に関するものです。公的年金だけでは老後生活が不安な方の，プラスαの年金としても注目を集めているiDeCoですが，令和4（2022）年5月から原則として65歳まで加入できるようになっています。ただし，定年退職後も例外なく加入し続けられるかというとそうではありません。

　まず，60歳以後もiDeCoに加入し続けるには「国民年金の被保険者」であることが前提です。したがって，例えば定年退職後も雇用契約を延長して厚生年金の資格を残す場合は引き続きiDeCoに加入できます。定年退職後も仕事は続けるものの業務委託となる場合は厚生年金の資格を継続させることはできません。

　厚生年金の加入者は国民年金の第2号被保険者ですので，厚生年金の資格を喪失することはイコール「国民年金の被保険者」でもなくなるということです。すなわち，定年退職と同時にiDeCoには加入できなくなるということです。

　ただし，法改正によって，「任意加入被保険者」となる場合もiDeCoに加入できるようにはなっています。任意加入被保険者は，国民年金の保険料納付済月数が480か月に達していない場合に65歳までの間で保険料納付済月数が480か月に達する間に限り加入することができます。

　言い換えると，既に国民年金の保険料納付済月数が480か月に達していると任意加入被保険者にはなれませんので，iDeCoにも加入できないということです。この部分も自身で漏れなく保険料納付済月数を把握できているケースは稀ですので，事前に把握しておくことが重要です。

　ところで，早期退職等で配偶者の扶養に入り，年金制度上は第3号被保険者となる場合はiDeCoへの加入は可能でしょうか？

　そもそも第3号被保険者の加入可能年齢は「60歳まで」ですので，理論上60歳を超えて被保険者資格が継続することはありません。したがって，60歳を超えてiDeCoに加入し続けることはできません。

　iDeCo に関するその他の注意点としては，iDeCo の老齢給付金を受給した場合や老齢基礎年金，老齢厚生年金を65歳前に繰上げ請求した場合（特別支給の老齢厚生年金を65歳前の本来の受給開始年齢から受給した場合は除く）も，iDeCo に再加入することができないことがあります。

【iDeCo の加入可能年齢の拡大】

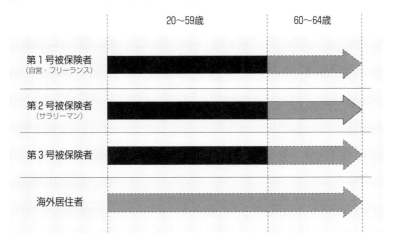

※　点線矢印は国民年金任意加入被保険者
※　■の部分が新しく加入可能となる対象

（出典）（https://www.ideco-koushiki.jp/special/column/09.html）

3　厚生年金加入期間

　ここからは世帯単位（夫と妻）での視点を交えて年金制度の解説をします。

　原則として厚生年金に20年以上加入している場合で，65歳到達時に生計を維持する65歳未満の配偶者もしくは年度末に18歳に達する前の子（障害

状態にある場合は20歳未満）を有する場合は，「年金版の扶養手当」という意味合いで老齢厚生年金に一定の加算がされます（加給年金）。なお，「生計を維持する」とは，配偶者や子が次のいずれの要件も満たしていることが要件です。

> - 生計を同じくしていること（同居しているもしくは別居していても仕送りをしていることや健康保険の扶養親族等であること）
> - 前年の収入が850万円未満であることもしくは所得が655万５千円未満であること

　令和５（2023）年度における加給年金の金額は，配偶者については年間228,700円，１〜２人までの子については228,700円，３人目以降の子については76,400円です。

　また，配偶者の加給年金には，生年月日に応じて年間33,800円から168,800円（令和５(2023) 年度）の特別加算がつきます。

　あくまで加給年金は厚生年金から支給される老齢厚生年金に付加されるものです。例えば定年後もある程度の労働収入が見込まれることから，年金受給の繰下げを予定していたとします。繰り下げている間は繰下げによる増額（１か月あたり0.7％）というメリットはありますが，もちろん老齢厚生年金は全く支給されませんので，加給年金も全く支給されないということです。

　加給年金の場合は年額で約40万円近くになることを考えると繰り下げたことによる増額と比較すると必ずしも繰り下げたほうがよかったとは即断できません。

　加給年金は「年の差婚」であればあるほど，そのメリットは大きくなります。

　例えば夫と妻の年齢差が10歳あったとします。現在は，共働きが増えてきたこともあり，妻も会社員として厚生年金に加入しながら働いていて，年金受給開始年齢は65歳からとしましょう（生計維持要件も満たしていることが前提）。この場合，夫の65歳当時，妻は55歳であり，理論上はその後10年間は加給年金の対象となります（妻が死亡した場合等を除く）。

　なお，加給年金の対象家族側の要件として，生計を維持する妻（対象となる子どもはいないと仮定）が原則として厚生年金保険に20年以上加入している場合でかつ，特別支給の老齢厚生年金等を受給している場合は，加給年金は加算されないとされています。

　理屈として20年以上も厚生年金に加入しているとなれば，相応の老齢厚生年金の受給が見込まれることからこのような建て付けとなっています。この要件を回避する意味で，妻の厚生年金加入期間を20年未満にする働き方を選択するという考え方もありますが，統計上，平均余命は男性より女性のほうが長いという事実に目を向けると，妻の厚生年金加入期間を延ばし，妻自身の老齢厚生年金を増額させるほうに主眼をおいておくほうがよいのではないかと私は考えます（そのほうが労働収入の増加もあります）。

　また，加給年金は，加給年金の対象家族であった妻が65歳に到達すると打ち切りになり，その後は妻の老齢基礎年金に対して「振替加算」という加算がつきます。振替加算は，昭和41（1966）年4月2日以後生まれの方は支給対象外であり（52ページでお伝えしたように特別支給の老齢厚生年金は男性が昭和36（1961）年4月2日以後生まれ，女性は昭和41（1966）年4月2日以後生まれは支給されなくなり，65歳からの年金受給となります），加給年金と比べると振替加算は低額です。以上を勘案すると，妻は可能な限り厚生年金に加入していたほうが「世帯単位」としての年金額は増えると考えられます。

　特に「年の差婚」でない場合は，わずか数年間で加給年金の受給期間は終了することが考えられます。そうなると，わずか数年間の加給年金のた

めに「就労調整」をするより、妻の老後のデメリットにも目を向けるべき
だと考えます。

4 「44年特例」に該当する場合はいつからか

　長期間、厚生年金に加入していた方には特例的な制度があります。それ
が「44年特例」と呼ばれるものです。これは65歳前に支給される特別支給
の老齢厚生年金の受給時に「報酬比例部分」だけでなく、定額部分も受給
できる特例的な制度のことです。厚生年金には4つの種別が存在します。

- ●第1号厚生年金被保険者：民間企業等
- ●第2号厚生年金被保険者：国家公務員共済組合
- ●第3号厚生年金被保険者：地方公務員共済組合
- ●第4号厚生年金被保険者：日本私立学校振興・共済事業団

　上記のいずれか同じ種別に「44年以上」加入しながら働くことが、44年
特例を受ける要件となります。

　当てはまる典型的な例は、高卒で入社した会社に一生涯勤めたという
ケースです。戦後の高度経済成長期を支えた三種の神器の1つである終身
雇用によって1つの企業で長く働くことが一般的であった時代と比べると、
現代ではこのような働き方は割合的には減少傾向ではありますが、高卒で
なくとも、短大卒で民間企業のみを渡り歩いていた場合は64歳間際で対象
となることも考えられます。44年以上厚生年金に加入しているにもかかわ
らず該当しないもう1つの典型的なケースは、公務員から民間企業（逆の
ケースもあり）に転職する、「合算して44年以上」のケースです。

　また、医師は長期雇用の期待度は高いものの、例えば、私立の医学部附

属病院が加入することの多い第4号厚生年金被保険者（実施期間は，日本私立学校振興・共済事業団）から医局人事によって民間病院に派遣された場合は，同じ厚生年金であっても第1号厚生年金被保険者（実施機関は日本年金機構）となります。平成27（2015）年10月に「年金一元化」がされていますが，実施機関は別組織であり，それぞれの実施機関で年金に係る事務が行われていることは変わりません。

　44年特例は，たとえ1か月でも達していないと対象にならず，該当した後は厚生年金の資格を喪失しなければなりません。この話をすると，「退職しなければならないのか？」という相談を受けますが，あくまで「厚生年金の資格を喪失する」ことですので，退職に固執する必要はなく，労働時間を短くすることで厚生年金の資格を喪失することも可能です。

　44年特例を自身の記録のみで把握するのは極めてリスクが高いため，該当する可能性があるのであれば，必ず，定年退職前に年金事務所で（65歳到達前に）「いつの時点で該当するのか」を確認しておかなければなりません。

　44年特例に該当すると厚生年金の被保険者でなくなった月の翌月分から「定額部分」を受給することができるだけでなく，加給年金の対象となる65歳未満の配偶者等と生計維持関係にある場合には加入年金額も加算されます。

　一般的に65歳前の老齢年金と失業保険を比較した場合は，失業保険のほうが高くなる傾向にありますが，44年特例に該当した場合は老齢年金のほうが失業保険よりも高くなる傾向にあります。44年特例は特別支給の老齢厚生年金の受給開始年齢から65歳に達する間に要件を満たす必要がありますが，要件を満たした場合のメリットが大きいために（全く該当しない場合を除き）必ず確認しておきたいポイントです。

　また，退職や厚生年金の資格を喪失するタイミングを誤ったがゆえに，44年特例の対象にならず，退職届の撤回や労働契約変更の再打診をするこ

とは心理的なハードルが高いだけでなく，そもそも退職届については過去の労働判例上，受理した役職者が人事部長等の最終的な人事権を有する方であった場合は撤回できません（社内規程上もそのように明記されていることがあり，また，明記されていなくとも慣行上撤回は認めていないことも考えられる）。

　仮に，これまでの貢献度等を勘案し，特例的に退職届の撤回が認められたとしても，撤回に至った経緯が労務提供とは他の目的に主眼を置いていたことが推察され，その後の関係性が良好でなくなることも考えられますので，慎重な対応が求められます。

5　在職老齢年金の適用となる報酬基準額

　これまでお伝えしたように年金を受給できる年齢に到達し，かつ，定年退職後も厚生年金に加入しながら働く場合は，在職老齢年金による全部または一部の年金カットの対象になる場合があります。

　数十年もの間，社会保険料の中で最も高額な保険料である厚生年金保険料を納めてきたにもかかわらず年金をカットされるのは到底納得できないとの声があります。もちろん，理解できるご意見です。

　一方で，老後の年金は「長生きリスク」，「老後の所得保障」という観点からある程度の労働収入がある場合は，一定程度の「調整」が行われるということも理解できなくはないのではないでしょうか。

　誤解が多い部分は，遺族年金の年収要件とは異なり，老齢年金では厚生年金の資格を有する事業場で受ける給与相当額（厳密には標準報酬月額と標準賞与額）と月額に換算した年金を合算し，48万円（令和5（2023）年度）を超える場合は超えた部分の半分の年金（老齢厚生年金の報酬比例部分であり，老齢基礎年金や加給年金，私的年金に位置づけされる iDeCo は含まれません）をカットする仕組みとなっていることです。

　定年前後を通して，給与額が下がることはめずらしいことではありませんが，事前の年金相談において，そもそも自身が在職老齢年金制度の対象となるのかを確認しておくことが有用です。

　実務上，令和3（2021）年度までは前述の「48万円」は「28万円」であったため，部長クラスの「高所得者」に限らず，少なくとも老齢厚生年金の一部はカットされていることが多かったものの，その対象者は減少傾向です。ここで注意したいのは，在職老齢年金によってカットの基準となる「28万円」が「48万円」に改正されていること，定年前後を通して給与額が下がる場合は過去の年金相談で年金がカットとなっていた場合であってもカットされなくなる可能性があるということです。

　この認識が抜け落ちていると，給与額決定の際に低い給与額で合意する（どうせ年金がカットされるのなら低い給与で問題ないと考えてしまう）ということが起こりうることから注意が必要です。

　標準報酬月額は給与が下がったとしてもただちに変動しないという性質があります。通常であれば固定的賃金（例えば基本給）の変動が契機となり，4か月目から変動となりますので一定のタイムラグが生じます。

　ただし，定年退職前後は給与額が下がることがめずらしくなく，これまでの高い水準で保険料が徴収されるのは生活に与える影響度も大きいため，被保険者資格喪失届と被保険者資格取得届を同時に年金事務所へ提出することで，「再雇用された月から」再雇用後の給与に応じた標準報酬月額に決定することができます。

　そうすることで，4か月を待つことなく実態に合った標準報酬月額に基づいた保険料の給与天引きが行われ，かつ，在職老齢年金制度のカットのボーダーラインに位置する方であった場合はより早期にカットの対象者となることを避けられます。

　申請にあたっては，就業規則や退職辞令の写し等の「退職したことがわかる書類」および「継続して再雇用されたことが判断できる書類」（例え

ば雇用契約書)」または「事業主の証明」が必要になりますが，通常，会社の人事・労務部門で対応すべき範囲となるため，同制度について確認するために問い合わせるのがよいでしょう。

　なお，本制度の対象となるには「1日も空白期間がなく同じ会社に再雇用」されることを要します。企業によっては定年の定めがない場合もありますが，定年制の有無による相違はありません。端的には60歳以後に退職した後に継続して再雇用された場合であれば対象となります。

　平成25（2013）年3月までは，60歳から64歳までの年金を受給できる権利のある方が同制度の対象でしたが，平成25（2013）年4月から，年金を受給できる権利のある方に限定せず，「60歳以上の方」に拡大されています。

　もちろん，正社員の方に限定されるものではなく，社会保険に加入する「被保険者」に対する取扱いとなりますので，非常勤職員（会社によって名称がパートタイマーやアルバイトと呼ぶこともある）などであっても社会保険の被保険者となっている方であれば，在職老齢年金制度の対象となります。

　法人の役員の場合は，役員規定や取締役会の議事録などの「役員を退任したことがわかる書類」および「退任後継続して嘱託社員として再雇用されたことがわかる雇用契約書」または「事業主の証明」が必要となります。

　最後に業務委託契約と雇用契約は社会保険の見地からは前者は自身で起業し役員に就任して報酬を得ている場合等を除き厚生年金に加入できません。他方，雇用契約の場合は（もちろん労働時間にもよりますが）社会保険加入対象となります。

　万が一，もう少し社会保険に加入していたほうが得（例えば44年特例に該当する場合は加給年金に必要な厚生年金加入期間である20年を満たす）という場合には，業務委託契約の場合は，社会保険に加入できません（自身で他に起業する場合を除く）ので，雇用契約を維持し，社会保険に加入

する方向での検討が望まれます。

２　個人事業所への再就職と法人への再就職

　法人企業であれば人員数のいかんにかかわらず，事業所としては社会保険の適用対象となります。他方，個人事業所の場合は法人企業とは異なり，必ずしも社会保険適用事業所とはなりません。

　もちろん，求人票に記載される事項ではありますが，給与額等に注視していると見落としてしまうこともあるため念頭に置いておくべき部分です。前述の44年特例や加給年金に必要な厚生年金加入期間である20年については，民間企業間での期間を合算して考えることもできます。ただし，社会保険が設置されていない事業所の場合は理論上，社会保険に加入することはできませんので，注意が必要です。

　まず，個人事業所については，「適用業種」（例えば金融または保険の事業）であり従業員が常時５人以上いる場合は社会保険の「強制適用事業所」となります（逆に適用業種であっても常時５人未満であれば「任意適用」）。細かい論点にはなりますが，「常時５人以上」とは，社会保険の適用対象者はもちろん，適用対象とはならないものの常時労務提供している人員もカウントされる（逆に一時的，臨時的に労務適用している者は除く）こととなりますが，この部分は求職者目線では判断しようがありませんので，個人事業所へ再就職する場合は，まずは社会保険の適用事業所となっているのかを確認しておくのが無難です。

　次に，法人企業と比べて個人事業所（社会保険の専門家である社会保険

労務士事務所等を除く）の場合は社会保険事務に習熟していないこともめずらしくありません。個人事業所の場合は，一般的に社会保険料の負担が経営に過大な影響を及ぼすこともあり試用期間中のみ社会保険の適用対象外と整理されているケースがありますが，本来，試用期間中だからといって社会保険の適用対象外ということはなく，要件を満たしている場合は強制加入となります。

業務委託契約の場合は「使用される者」に当たらないため，社会保険加入対象とはなりません。ただし，事業主が自ら負担すべき社会保険料を免れる意図での「偽装」の場合は社会保険加入対象者となります。

再就職にあたってはこれまでの「当たり前」が「例外」となるケースが少なくありません。前述の「偽装」であれば明らかに違法状態となりますが，社会保険適用事業所の通常の労働者の「労働日数」と「労働時間」が4分の3未満の場合は，社会保険加入対象外となることから，この場合は違法ではありません。

「通常の労働者」とは一般的には正社員と定義し，「労働時間」とは「週当たりの労働時間」と「月当たりの労働時間」を指します。次に「4分の3」とは，事業所ごとに判断しますので，例えば常時雇用する労働者数が10人未満の一部の業種（例えば小売業）は労働基準法上では特例適用事業所となり，週の所定労働時間が44時間（通常は40時間）としても違法ではなくなります。

この場合の「週当たりの労働時間」の「4分の3」は，週の所定労働時間が44時間であることを基軸に判断して差し支えないので，定年退職前後でほぼ同じ労働時間であるにもかかわらず，定年退職後の再就職先ではたまたま労働基準法上の特例適用事業所に該当していたために加入できなかったということが起こりえます。

社会保険加入対象であるか否かは応募情報だけでは判断できなくても，採用面接の段階で把握できることですので，明確な説明がない場合は必ず

確認しておきましょう。

③　定年後も働くなら，確認すべきこと

　契約形態に再就職先と，定年退職前後を通して決めなければならないことはむしろ働き盛りの30代よりも多いと言っても過言ではありません。

　特にこれから老後に突入する昭和36（1961）年4月2日以後生まれの男性，昭和41（1966）年4月2日以後生まれの女性は生年月日に応じて65歳前から支給される特別支給の老齢厚生年金が支給されなくなり，65歳からの年金受給が「デフォルト」となります。

　物価高やコロナの爪痕の影響で昇給は望めないなど，暗い話題には事欠かない状況ではあるものの，いつまでも判断を先延ばしにするわけにもいかず，先延ばしをすることで選択できたはずの選択肢もなくなってしまうことがあります。

　定年後も働くと決めたら，自社の定年年齢を把握することから始めます。次に常時10人以上の労働者を雇い入れる事業所は，就業規則の作成および届出が義務となっていますが，近年は労使紛争防止の観点からも雇い入れ労働者数が10人未満であっても就業規則を作成している企業が増えてきました。この場合は再就職先企業の就業規則の記載内容を確認します。

　就業規則自体が存在しないあるいは明記されていない場合は労使慣行の有無を確認することが望まれます。労使慣行が法的効力を持つための要件としては，同種の行為または事実が長期間反復継続して行われていたこと，労使双方が明示的に当該慣行に従うことを排除していないこと，当該慣行が労使双方の規範意識に支えられていること等の要件が必要ですが，労働者一個人で判断するには無理があるため，人事部門等へ確認しておくこと

が有用です。

　なお，一般的には年齢が上昇するにつれ，再就職が難しくなる傾向（背景として病気への罹患リスクが高まり継続的な労務適用が見込めない等）は否定し難い事実です。

*30秒*でフィードバックする
本章のまとめ

1　「自分の裁量で働ける」からといって，安易に業務委託契約としない。

2　業務委託の場合の公的保険は自分自身で加入手続きをしなければならない。

3　雇用契約の特権であり法律上唯一賃金保障されている有給休暇を活用して，定年退職日が近づく前に老後の生活設計に備えた準備を進める。

4　年金記録の整備は早めに着手する。

5　「再就職」の場合は準備に最も時間を要するため，動き出しを早めにスケジュールする。

第4章

まだある
老後のお金を増やすために
できること

　繰り返しになりますが，社会保険制度は，過去の歴史を振り返っても実に多くの法改正がなされています。経過措置や年金制度上に残る男女による相違等を挙げても相当数に上ります。しかし，社会保険制度の根幹となる部分はそれほど改正されているわけではなく，誤解しやすいポイントを押さえておけば，よりよい定年後の生活を送ることが可能となります。

　本章では社会保険制度の中でも，年金制度の3つの柱である老齢・障害・遺族，それぞれの年金で知っておいて損のないノウハウをお伝えします。

1 給与額1円の違いで社会保険料は大きく変わる

　社会保険料の標準報酬月額は社会保険料額と紐づいています。すなわち，報酬を区切りの良い幅で区分したものを標準報酬月額と定義し，標準報酬月額が決まれば自動的に社会保険料の額も決まるという仕組みとなっており，会社から受ける月額報酬が○○円以上○○円未満の場合は○等級，標準報酬月額が○○円とすることで保険料の徴収事務が容易になります。

　毎月の社会保険料は標準報酬月額に対して保険料率を乗じて計算されますので，雇用保険料や所得税のように原則として毎月変動することはありません。

　なお，「報酬」とは厚生年金保険法において，次のように定義されています（健康保険法3条5項においても同趣旨が規定されています）。

> **厚生年金保険法第3条1項3号（用語の定義）**
> 賃金，給料，俸給，手当，賞与その他いかなる名称であるかを問わず，労働者が，労働の対償として受ける全てのものをいう。ただし，臨時に受けるもの及び三月を超える期間ごとに受けるものは，この限りでない。

　すなわち，基本給はもとより，税法上一定額までは非課税である通勤手当も報酬として含まれることとなります。もちろん，通勤時間帯は会社から拘束されることはなく，電車通勤の場合は，その時間内は物品の監視等

の義務づけがなければ原則として労働時間とはなりません。それでも，通勤手当の支給趣旨が実費補塡的な趣旨（例えば出勤日数に応じて支給する）であるので通勤後の労務提供のために支払われる対価であるために報酬に該当するという理解です（再雇用後は老老介護問題への対応が余儀なくされることや労働時間が一定程度短くなるため実家付近に転居して通勤するという方も見受けられます。また，企業が都心部である場合は通勤手当の金額が複数存在することが多いです）。

　さて，ここからが本題です。例えば，基本給等の報酬月額が249,999円の場合，標準報酬月額は240,000円となります。250,000円の場合，標準報酬月額は260,000円です。参考までに東京都で61歳の方の社会保険料を比較すると，それぞれの標準報酬月額での社会保険料額は次のようになります。

　　標準報酬月額が240,000円の場合；72,288円
　　標準報酬月額が260,000円の場合；78,312円

　よって，1円の差で6,024円の差が生じることとなります。これはあくまで会社への請求額であるため，労使双方で半額ずつ負担することとなりますがそれでも実質的に1円の差で約3,000円の差が生じることとなります。

　もちろん高い標準報酬月額であれば将来受け取ることができる年金額も増える方向に作用しますし，万が一，病気へ罹患し，一時的に働くことができなくなった場合には傷病手当金の受給額も（12か月間の各月の標準報酬月額を平均した額の30分の1の3分の2）増える方向に作用します。したがって，社会保険料額を多く納めるということは，マイナス面ばかりということはありませんが，このことは制度の仕組みとしては押さえておきたい部分です。

　注意点としては，32等級，標準報酬月額にして65万円以上は年金制度上，標準報酬月額の上限となりますので，年金が増える基準額としてこれより上は存在しないということです。

　転居の時期については自身の都合のみで決断できない部分もあるでしょうが，通勤経路が複数ある場合は，通勤手当も標準報酬月額に影響するということは考慮要素としておきたい部分です。

　一般的に通勤経路が複数存在する場合は経済的かつ合理的な経路を認定することとなりますが，社会保険料は会社も半額負担義務がありますので，会社にとってもマイナスとなる話ではありません。

　第3章で通常の制度のように4か月後の標準報酬月額の改訂を待つことなく，再雇用された月から再雇用後の給与に応じた標準報酬月額に決定できる制度の存在をお伝えしました。

　本制度の適用要件は「1日も空白期間がなく同じ会社に再雇用されること」ですので，定年退職後そのまま再雇用されるケースは，まさにその対象となる典型的なケースです。この制度も活用することで，社会保険料をさらに抑えることができます。

2 夫の定年退職・再雇用と扶養に入っていた妻の年金の関係

1 夫の再雇用時も，妻の第1号被保険者への種別変更手続きが要る

　夫が会社員で妻より年上かつ，妻が専業主婦のケースを考えてみましょ

う。夫が定年退職前は正社員であれば，社会保険に加入しているケースが多く，その場合，国民年金としては，第2号被保険者となります。第2号被保険者の被扶養配偶者であれば妻は第3号被保険者（なお，第3号被保険者の年齢要件は20歳以上60歳未満）となります。

　定年退職前後に注目すると，第2号被保険者である年上の夫が定年退職により第2号被保険者でなくなった場合，妻は第3号被保険者であり続けることはできなくなります。

　第3号被保険者は第2号被保険者の被扶養配偶者であることが要件だからです。そして，この場合，妻は第1号被保険者に種別変更の手続きをしなければならず，当然保険料納付義務が発生することとなります。

　さらに注意を要するのは，定年退職を契機に社会保険の資格喪失をした夫が，再雇用契約を締結し，かつ，65歳以降も会社に残って正社員と同等程度に働く場合，社会保険は継続となることです。

　この場合，夫が65歳以降に老齢年金の受給権がある場合は会社に残り，厚生年金の被保険者であり続けたとしても，妻は国民年金第2号被保険者の資格は喪失します。すなわち，年下の妻は第1号被保険者に種別変更の手続きをしなければなりません。

2　親を扶養に入れる際も注意

　扶養についても誤解が多いところです。年金制度上の扶養は国民年金の第3号被保険者に限定され，第3号被保険者はあくまで第2号被保険者の「被扶養配偶者」でなければなりません。

　よって，（読者の方から見て）子どもが第2号被保険者であっても，読者の方が第3号被保険者となることはあり得ません（子どもと親の関係であり，配偶者ではないため）。

　他方，健康保険の場合は一般的にも認識されているとおり，健康保険加

入者の扶養に入ることで，保険証が付与され，保険診療を受けることが可能となります。また，被扶養者自身が保険料を納付する必要はありませんので，金銭的なメリットは小さくありません。

　ただし，注意すべきポイントがあります。繰り返しになりますが，年齢が上がるにつれ，病気の罹患率は高まるのが一般的です。そうなると，医療機関への受診頻度も多くなるのが自然です。

　もちろん，我が国には保険医療機関の窓口で支払う医療費を一定額以下に留めておくことができる「高額療養費制度」があります（この制度があることにより，例えば高額な医療費が発生したとしても，金銭的な支出が一定額以下で済むため，受診を我慢する等の不適切な節約をせずに済みます）。

　高額療養費制度の所得の基準は，あなたの給与となりますので，あなたのお父様の高額療養費の基準も上がるというデメリットがあります。これは，お父様が医療機関の窓口で負担しなければならない医療費の額が高くなることを意味します。

　年齢を重ねると医療機関を受診することが多くなりますが，特に重たい持病があって，医療費もそれなりにかかっている場合はむしろ支出が増えてしまうこともあるので，予想される支出額を比較検討して，親を健康保険の被扶養者とするかどうかを決めるのがよいでしょう。

3　マッチング拠出と iDeCo どちらが得か

　年金制度には国民年金や厚生年金とは全く別の制度として企業年金制度があります。企業年金は厚生年金とは異なり，要件を満たしたからといって必ず加入しなければならないものではありません。

　実際は，ある程度の規模以上の企業が，企業年金制度を導入している印象です。社員目線でも公的年金や退職金だけでは老後生活を不安視する声は少なくありません。そこへ，公的年金とは別の制度として，高齢期の生活の多様化に対応すべく企業年金が設けられています。

　企業年金は大きく2つの制度に分けられます。確定給付企業年金（以下，DB）と，確定拠出年金（以下，DC）です。DBとは，給付額が確定した制度であり，受給者保護の観点から，運用実績や財務状況により積立不足が生じた場合には追加の拠出が必要となり，企業がそのリスクを負うのが特徴です。

　他方，DCは，あくまで加入者の自己責任のもとに運用の指図が行われます。また，DCは，新設だけでなく他制度からの移行も可能であるため，DBからDCへ移行する動きも見られます。

1　マッチング拠出と iDeCo

　本題のマッチング拠出と iDeCo はいずれも確定拠出年金法が根拠法令となり，DCの枠組みに分類されます。なお，iDeCo は，個人が主導で行うDCをいいます（企業が主導して行うDCは企業型DCといいます）。

　「マッチング拠出」とは，企業も従業員も双方で掛金を拠出できる制度ということです。拠出限度額の範囲内で，会社が掛金を拠出し，加入者全員に対して，定額または定率あるいはその組み合わせにより算定した額を事業主掛金として拠出して，資産管理機関へ払い込みを行います。

　マッチング拠出の特徴は，加入者本人が事業主掛金へ上乗せをし，掛金を拠出することです。加入者が拠出する掛金は全額が所得控除の対象となるため，老後の資産形成を進めながらも，税制優遇も受けられるというメリットがあります。

　マッチング拠出の注意点は，加入者掛金は事業主掛金を超えられないこ

とです。すなわち，事業主掛金が（拠出してもらえるだけでもありがたい話ではありますが）低額である場合，それを超えた額で加入者掛金を拠出できませんので，そのような状況であれば「iDeCoで資産形成かつ税制優遇を進めたほうがよかった」ということにつながります。特にiDeCoで掛金を拠出したほうが多く掛金を拠出できたという場合にはこの問題に直面します。

　また，加入者掛金は事業主を通じて拠出する必要があるため，給与天引きとなります。もちろん，iDeCoも給与天引きは制度としては可能ですが，実務上は（企業には手間が発生することから）個人払いが多い印象です。

　マッチング拠出とiDeCoは，いずれも個人が掛金を拠出できる制度ではありますが，マッチング拠出とiDeCoを両方選択することはできません。なお，令和4（2022）年10月以降，法改正により，企業型DC加入者のiDeCo加入要件の緩和が行われています。規約の変更なしに企業型DC加入者であったとしてもiDeCoへの加入は可能です。また，「マッチング拠出」との「選択」も可能となっています。肝心な掛金拠出限度額は次のとおりです。

・企業年金がない場合：2.3万円
・企業型DCのみに加入している場合：2.0万円
・DBと企業型DCに加入している場合：1.2万円
・DBのみに加入している場合：1.2万円

【現行の DC 拠出限度額（令和 4 （2022）年10月〜）】

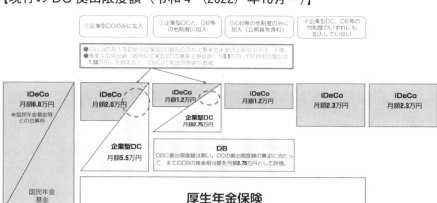

（出典）厚生労働省（https://www.mhlw.go.jp/content/12500000/001103466.pdf）

　iDeCo の掛金は下限が「月額5,000円」となり，それ以降は1,000円単位で自由に設定ができます。また，月ごとではなく年単位での拠出も可能です（掛金額の変更は1年に1回限り可能）。万が一，生活環境の変化等により掛金拠出が難しくなった場合は，掛金の拠出停止は随時可能とされています。

　企業型 DC 加入者の場合，iDeCo の掛金は年単位での拠出は選択できず，月ごとのみとなります。

　「マッチング拠出」と「iDeCo」はどちらがよいのかという問題には，画一的な答えは存在しません。ただし，双方を比較すると，マッチング拠出の場合は原則として口座管理手数料を企業が負担してくれるので年間の

手数料が発生しないのに対し，iDeCo の場合口座管理手数料が年間数千円発生する点が無視できません。

　他方，マッチング拠出は企業と同額までしか掛金の拠出ができないことから，資産形成が企業マターとなり，自分の裁量で進めにくいだけでなく，所得控除として受けられる恩恵が少ないという点も無視できません。

　企業としてマッチング拠出が整備されていない場合は iDeCo と迷うことはありませんが，マッチング拠出の整備がなされている場合はどちらがよいか難しいところです。まずは事業主負担額を把握することから始めましょう。

　マッチング拠出の事業主負担額が少ない場合は個人の拠出も同額までしかできないことから，（老後の所得保障・税制優遇措置両方の面で）一種の物足りなさを感じ，iDeCo を選択するという意思決定を下す方が多いです。

2　個人年金と iDeCo

　定年退職後に再雇用契約を締結して継続就労する場合であれば（労働時間にもよりますが）引き続き厚生年金へ加入となり，年金を増やすことは可能です。

　他方，定年退職後に厚生年金に加入できない程度の労働時間（例えば非常勤職員）で働く場合や，そもそも完全に退職する場合は厚生年金以外でのアプローチを採用して年金を増やす必要があります。

　もちろん，年金には頼らず貯蓄等で生活設計するという発想もありえます。しかし，物価変動にも対応しながら法律によって強制加入としている年金制度の力は目を見張るものがあります。

　iDeCo の場合，令和 4（2022）年の法改正後である現在であっても定年退職し，国民年金の任意加入制度にすら加入していない場合は（国民年

金の被保険者という要件を満たしていないことから）iDeCo に加入することはできません。

　また，iDeCo は原則として60歳から受取りが開始です。言い換えると，早期退職せざるをえない状況となり，生活が困窮している状況でも60歳前に引き出すことはできません。また，60歳から受取りを希望する場合は「通算加入者等期間」が10年以上必要です。通算加入者等期間とは次の期間を指します。

- ●企業型年金加入者期間
- ●企業型年金運用指図者期間
- ●個人型年金加入者期間
- ●個人型年金運用指図者期間

　当該期間が10年以上あることで，60歳から iDeCo の受取りは可能です。ただし，当該期間が10年に満たない場合は，受取開始年齢は次のようになります。

　８年以上→ 61歳
　６年以上→ 62歳
　４年以上→ 63歳
　２年以上→ 64歳
　１月以上→ 65歳

　60歳以降となれば，それまで全く病気とは無縁のビジネスパーソンであっても（もちろん程度の差はありますが）何らかの罹患は想定されます。iDeCo については50歳から始めておくことで受取開始時期の最短である60歳から iDeCo の受取りが可能となります。

　もちろん，必ず60歳から受け取らなければならないというわけではありません（現在は60歳から75歳までの範囲内で選択可能）。そこで，iDeCoとは別に保険会社等が提供する個人年金も選択肢に挙がります。各社それぞれiDeCoにはない魅力を打ち出しています。私もiDeCoとは別に個人年金にも加入しています。ここで，個人年金とiDeCo双方の一般的なメリット・デメリットを確認しましょう（なお，前提として個人年金はiDeCoとは異なり，法律によって定義されている制度ではないため，保険会社の規約によって異なる点にご留意ください）。

　まず，個人年金のメリットは中途解約が可能であることです（中途解約の場合は支払った保険料よりも受取額が下回るリスクはあります）。iDeCoの場合は原則として60歳まで中途解約はできず小回りが利かないとの声も少なくありません。

　また，個人年金として受け取れるおおむねの金額が明示される点もメリットと言えます。iDeCoの場合はあくまで自己責任の下に運用し，運用した結果を受け取るという仕組みです。

　次にiDeCoのメリットについては，掛金の「全額」が所得控除されるという点が挙げられます。対する個人年金の場合は，平成24（2012）1月1日以降に締結した契約は年40,000円までが所得控除の上限です。iDeCoには，一定の節税効果があることは間違いありません。なお，所得控除の適用を受けるには以下の点を満たさなければなりません。

- 保険料の払込期間が10年以上
- 確定年金や有期年金の場合は受取り開始が60歳以降かつ受取期間が10年以上
- 年金受取人は被保険者と同一人物
- 年金受取人が契約者またはその配偶者であること

　毎月10,000円の保険料を納付している場合は，年間に換算すると120,000円です。ただし，所得控除としては（平成24（2012）年1月1日以降に締結した契約の場合は）40,000円が上限です。

　他方，iDeCoの場合は，保険料の全額が小規模企業共済等掛金控除として所得控除の対象になります。iDeCoの掛金額の下限は月額5,000円です。年間に換算すると60,000円ですが，全額が対象となります。これが数十年続くとなると節税効果としては相当な差になると考えられます。

　個人年金もiDeCoも老後の所得確保が目的となっているはずです。そこへ，副次的に節税効果も享受できるとなれば，iDeCoのメリットは決して小さくありません。

　iDeCoについては様々な金融機関が窓口となっており，手数料額やコールセンターの対応も様々ですので，加入する際には自分自身で何を最も重視するか（例えば手数料）を明確化し，iDeCoに加入するか否かを決定していくことがよいでしょう。

４　国民年金納付のお得な方法

　定年退職前であれば社会保険料は給与天引きされていることから，払い忘れることもなく，未納となるリスクはありません。定年退職後（早期退職も含む）であれば自身で起業する場合等を除き，厚生年金には加入できず，国民年金（任意加入を含む）に加入することとなりますが，国民年金の場合は，個々人で保険料を納付しなければなりませんので，払い忘れ（必然的に未納となるリスク）が起こりえます。

　同じ保険料の「納付」であればよりお得に納付することはできないのかといった相談があります。国民年金の保険料は厚生年金とは異なり，早期

に払うことで割引されるというメリットがあります。国民年金保険料納付の選択肢は次の3通りです。

- 納付書による現金納付
- クレジットカード
- 口座振替

結論としては，「1番お得」な納付方法は口座振替です。さらに，「2年前納（2年分をまとめて納付する）」することが最もお得になります。

この方法を採用すると，約1か月分の保険料（おおむね16,000円）分が割引されます（なお，口座振替は毎年2月末が申込期限であることには注意）。

また，「任意加入制度」については，そもそも第一義的には口座振替を選択しなければなりませんが，中には任意加入制度であってもクレジットカードを活用して，ポイントをつけたほうが長期的には見返りが多いことは，認識しておくべきです。

なお，任意加入制度は，保険料納付済期間がない場合に，65歳までまたは保険料の送付月数が480か月に達するまでの間に限り加入できる制度であるため，早期に480か月にしたいという特段の場合がある場合は，「事由該当申出書」を提出してクレジットカードや納付書での納付も可能です。

「1番お得」な口座振替2年前納については，金額にしておおむね380,000円が一括で振り替えられることとなりますが，この金額は，役職等にもよるとはいえ定年退職前後の方に置き換えると1.5か月分以上の給与額に相当するものです。

したがって誰にでも選べるものではないとの声はあるでしょうが，その場合，割引率は低下してしまいますが，口座振替1年前納であれば約190,000円が一括で振り替えられます。割引額は2年前納のおおむね16,000

円からおおむね4,000円に下がるものの，こちらも知っておいて損のない制度だと思います。

　また，過去に国民年金保険料の免除を受けたことがある方は10年以内であれば「追納制度」と言って，後追いで保険料を納付することができます。ただし，任意加入制度とは異なり，「過去の保険料を納める」という性質上，クレジットカードおよび口座振替は選択できません。すなわち，納付書で納付しなければならないということです（ペイジーは可能）。

　繰り返しになりますが，早く保険料を納めても割り引きされるような制度が，国民年金にはあります（厚生年金にはありません。その背景には国民年金の保険料納付率は60％超〜70％超付近を推移60％超〜70％超付近を推移しており，平たく申し上げると保険料の納付率は半分より少し多いぐらいの方しか納められていない状況があります。そこで，制度を持続させる意味でも納付率を向上させるための施策（例えば早期に保険料を納める場合の割引適用）が必要であることがうかがわれます。

【納付率，納付対象月数及び納付月数の推移】

（単位：万月）

	平成29年度	平成30年度	令和元年度	令和2年度	令和3年度
最終納付 率（％）	平成27年度分保険料	平成28年度分保険料	平成29年度分保険料	平成30年度分保険料	令和元年度分保険料
	73.1	74.6	76.3	77.2	78.0
納付対象 月数	12,682	11,703	10,837	10,391	9,959
	（△ 5.1）	（△ 7.7）	（△ 7.4）	（△ 4.1）	（△ 4.2）
納付月数	9,276	8,735	8,270	8,018	7,764
	（△ 3.9）	（△ 5.8）	（△ 5.3）	（△ 3.0）	（△ 3.2）
現年度納 付率（％）	平成29年度分保険料	平成30年度分保険料	令和元年度分保険料	令和2年度分保険料	令和3年度分保険料
	66.3	68.1	69.3	71.5	73.9

注　納付対象月数及び納付月数の（　）内数値は，対前年度比（％）である。

【納付率の推移】

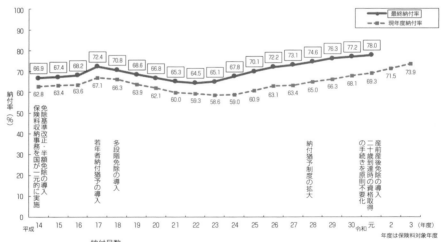

注1　納付率（％）＝ $\dfrac{\text{納付月数}}{\text{納付対象月数}}$ ×100

　　　納付対象月数とは，当該年度分の保険料として納付すべき月数（法定免除月数，申請全額免除月数，学生納付特例月数，納付猶予月数及び産前産後免除月数を含まない。）であり，納付月数はそのうち実際に納付された月数である。ただし，納付対象月数及び納付月数には免除等に係る追納月数は含まれていない。

注2　保険料は過去2年分の納付が可能であり，最終納付率とは，過年度分の保険料として納付されたものを加えた納付率である。

（出典）厚生労働省（https://www.mhlw.go.jp/topics/bukyoku/nenkin/nenkin/toukei/dl/k_r03.pdf）

5　年の差婚で生じる年金の差

　16ページでもお伝えしたとおり，「加給年金」は，「年金版の扶養手当」
として，老齢厚生年金に加算されるものです。端的には厚生年金保険に20
年以上（生年月日によっては15〜19年の場合もあり）加入している老後の
年金の受給権者が65歳到達時点において生計維持関係にある65歳未満の配
偶者または18歳年度末に達する前の子（障害状態にある場合は20歳未満）
を有している場合には老齢厚生年金に加給年金が加算されます。

　言い換えると，年齢差のあるいわゆる「年の差婚」であればあるほど，
加給年金として加算される期間は長期化するということです（16ページ参
照）。

　年金の世界は実態主義とされ，法律婚状態以外（事実婚状態）は夫婦と
して認めないということはありません。ただし，事実婚の場合は戸籍謄本
では夫婦関係を証明することはできませんので，このタイミングで法律婚
状態となる決断をするという考え方もあります。

　あくまで，老後の年金の受給権者が「65歳到達時点において生計維持関
係にある65歳未満の配偶者」が要件であり，婚姻期間が20年以上という要
件ではありません。

　また，加給年金の対象となっていた配偶者が65歳に達すると加給年金は
打ち切りとなります。その後は当該配偶者が昭和41（1966）年4月1日以
前生まれであれば，1階部分の老齢基礎年金に対して加算が行われます
（振替加算。昭和41（1966）年4月2日以後生まれは振替加算の支給はあ
りません）。振替加算は加給年金と比べると低額ではありますが，一生涯
加算されるというメリットがあります。

　よく，年金受給開始年齢の繰下げを選択した場合，振替加算も増額すると誤解されている方が散見されますが，振替加算は繰下げを選択しても増額しません。

　ところで，企業や企業が加入する健康保険組合等にもよりますが，婚姻した場合，結婚祝金や配偶者を扶養する場合は扶養手当として給与額の増加が想定されます。扶養手当は一般的に固定的に支払われる手当であるため，社会保険料額改定の対象となる月額改定届の起算月の契機になりますが，それ以上に年金制度上の恩恵（代表的なものとして前述の加給年金）が大きいと言えます。

1　加給年金の経過措置

　令和4（2022）年4月から加給年金に関する法改正が行われています。加給年金は原則として厚生年金保険への被保険者期間が20年以上あり，かつ，65歳到達時点で生計維持関係にある65歳未満の配偶者（便宜上，妻とする）または一定年齢以下の子供を養っている場合に老齢厚生年金に加算が行われます。

　しかし，夫と同程度厚生年金に加入（原則として20年以上）している妻の場合は，妻もある程度の年金収入が見込まれることから加給年金の対象となる配偶者とはなりません。

　そのような場合で仮に妻が在職老齢年金に該当しているものの，妻に一部でも年金が支給されている場合は，夫への加算は停止されていました（これは妻が厚生年金に20年以上加入している分の年金を受給しているためです）。

　他方，高報酬ゆえに妻の年金が在職老齢年金によって「全額停止」されている場合は，現実には妻には老齢厚生年金が1円も支払われていないため，夫へ加給年金が支給されるという「不合理」が問題とされていました。

　そこで，令和4（2022）年4月以降，妻が老齢厚生年金を実際に受給していなくても，「受ける権利」を持っている場合（代表例としては在職老齢年金によって支給停止となっている），加給年金額は全額支給停止されることになりました。

　ただし，過去の年金制度の歴史を振り返っても，画一的に法施行することは既得権保護の観点からも適切でなく，段階的に制度を施行してきた歴史があります。そこで，次の①および②の要件を満たす場合は令和4（2022）年4月以降も引き続き加給年金が継続されることとなります。

①　令和4（2022）年3月時点で，本人の老齢厚生年金または障害厚生年金に加給年金が支給されている。

②　令和4（2022）年3月時点で，加給年金額の対象者である配偶者が，厚生年金保険の被保険者期間が20年ある老齢厚生年金の受給権を持っており全額が支給停止されている。

　なお，「経過措置」については，配偶者の不該当事由（65歳到達，死亡，離婚等）により加給年金が不該当となった場合のほか，次の１，２，３のいずれかに当てはまった場合も加給年金の支給は終了します（２または３に該当する場合は，経過措置終了の届出が必要）。

１　本人の老齢厚生年金あるいは障害厚生年金が全額支給停止されることとなったとき

２　配偶者が失業給付の受給終了によって老齢厚生年金の全額支給停止が解除されたとき（失業給付の受給により，配偶者の令和4（2022）年3月分の老齢厚生年金が「全額支給停止」されていた場合に限る）

３　配偶者が年金選択により他の年金の支給を受けるようになったとき

【経過措置の内容】

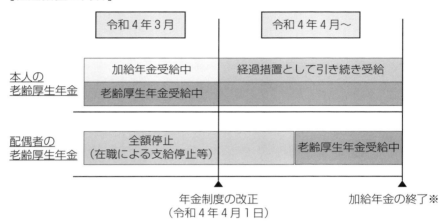

(出典) 厚生労働省
https://www.nenkin.go.jp/service/jukyu/roureinenkin/kakyu-hurikae/20150401.html

　「加給年金」は「振替加算」と比較すると金額も大きく，無視できません。「老齢年金」は障害や遺族年金と異なり，多くの方が対象となる年金ですので，このことは押さえておくべきです。

2　子の加給年金と児童手当

　同じ社会保険制度の中でも「似て非なるもの」として，老齢厚生年金の子の加給年金と児童手当が挙げられます。端的には両者の金額の考え方が大きく相違しており，認識相違があると，家計の計算が大きく狂ってしまうことから，両者の違いを押さえておきましょう。まず，令和5（2023）年度の加給年金の額は次のとおりです。

配偶者：228,700円
子供1人・2人目：各228,700円
子供3人目以降：各76,200円

　制度上，年金受給権者が65歳時点において，生計維持関係にある18歳に達する日以後の最初の3月31日までの間に子または20歳未満で障害等級の1級もしくは2級の状態にある子も加給年金の対象になります。注視すべき点は1，2人目と比べて「3人目以降」は減額されるということです。

　現在の年金制度の根幹部分が創設された昭和時代よりも一家庭における3人以上の子供を産んでいるケースは少なくなっています。

　また，我が国の出生数は年々低下して（令和4（2022）年は約79万人で初めて80万人を下回る）おり，「特効薬」も見つかっていない状況です。仮に改正しても影響度が少ないとの見方もありますが，本来であれば，将来的な年金制度の支え手となりうる子供に対して3人目以降が増額となる児童手当と同様な仕組みにするほうがよいというのが私の考えです。

　もちろん少なくとも18年以上も先の話になる加給年金の額で子供の数を検討するケースはないでしょうが，3人目以降の金額が下がるという仕組み自体は少子化対策として逆行していると考えます。

　自治体によっては児童手当プラスアルファの制度を設けている自治体もありますが，原則的な児童手当の場合，3歳から小学修了前までは10,000円であり，第3子以降は15,000円に増額されることから，年金制度とは真逆の仕組みと言えます。

　「65歳時点」で「20歳未満」の子を養っているというケースは少ないでしょうが，それでも，昭和時代と比べて晩婚化が進んできた時代において，今後はこのような家族形態は増えていくことが十分に考えられます。年金制度の前提として，「100年先」まで見越した制度であるため，場合によっ

ては今後改正されることも考えられます。

　また，加給年金の他の要件として「生計維持関係」があります。具体的な基準額としては「年収850万円未満」（所得に換算すると655.5万円）が子の加給年金給付の要件です。

　給付要件の20歳未満という年齢は学業が本分となっている子どもが多く（近年は動画配信サービス等で多くの収益を上げる子どももいますが）一般的には850万円の年収要件を超える子どもは少ないでしょう。

6　年金受給の繰下げで生じる年金の差

1　繰下げ待機中に遺族厚生年金受給権が発生するものの繰下げはできない

　令和4（2022）年4月以降，旧来70歳が上限であった老齢年金の繰下げは75歳に拡大されました。時代背景上も長く働く（あるいは働かざるをえない）ビジネスパーソンが増えたことは明らかであり，時代に合致した法改正と言えます。

　繰下げはあくまで「老齢」年金だけに設けられた制度であるため，「障害」や「遺族」年金には設けられていませんが，前述の改正も加わり，今後70歳を超えて活用される方が増えることは予想されます。繰下げの主な概要は，次のとおりです。

　繰下げは最低でも66歳以降まで下げる必要があるものの，その後は1か月ごと（例えば66歳1か月で受給開始）に繰り下げることが可能で，繰り下げた分の1か月あたり0.7％の増額が一生涯続きます。

　例えば100万円の年金を受給できる方が１年間繰り下げると0.7％×12か月＝8.4％となることから，84,000円の増額となることは２章でお伝えしたとおりです。参考までに75歳まで繰り下げると0.7％×120か月＝84％となることから，受給開始から一生涯にわたって84％の増額した年金を受給できるということです。

　もちろん，受給開始を遅らせることで一生涯で受け取ることができる総受給額としては少なくなる可能性は否定できません。しかし，この部分については明確な予想が難しいことも明らかです。

　また，繰下げは１階部分である老齢基礎年金，２階部分である老齢厚生年金の両方またはいずれか一方の繰下げも可能ですので，様々なニーズに対応しやすいと言えます。

　他方，繰下げ制度を検討するにあたって，予測が難しい自身の寿命等と異なり，「制度上」押さえておかなければならない論点もあります。

　定年退職し，再雇用を希望し，その後も労働時間を短くしながらも継続して働く65歳の妻が繰下げを希望し，繰下げ待機中の67歳の時に，60歳よりも前に早期退職して闘病中であった夫が死亡したケースを想定してみましょう。

　繰下げは，５年経過する前に「他の年金」の受給権者となった場合は，他の年金を支給すべき事由が生じた日に「繰下げの申出があったものとみなす」と規定されています。

　前述の妻の事例では，妻の繰下げ待機中に夫が死亡すると，遺族厚生年金の受給権が発生することが予想されます。まず，夫が遺してくれた遺族厚生年金は夫の老齢厚生年金の75％です。夫は病気のために早期退職しており，妻よりも厚生年金への加入期間が短かったことが予想されます。

　この場合，妻の老齢厚生年金より夫の遺族厚生年金のほうが少ない場合は，遺族厚生年金の請求はしないでしょうが，遺族厚生年金の受給権自体は発生しますので，遺族厚生年金の受給権発生時点以降は繰下げができな

いということになります。

　よって，夫他界後は世帯収入が減る（1人分の年金しか入ってこなくなる）どころか，繰下げの選択肢がとれませんので，このリスクに対する備えをしておく必要があります。

　「備え」といっても確実な答えはありませんが，例えば夫が「余命宣告」されたような場合はもはや夫のみ繰上げ請求をして，月々の生活費から残った分を貯蓄に回すという考え方もあります。

　なお，老齢基礎年金，付加年金，障害基礎年金は「他の年金」からは除かれていますので，この心配はありません。

2　70歳以降の繰下げ5年前時点での繰下げみなし

　令和4（2022）年4月の法改正部分である「75歳まで」の繰下げ制度の検討をするにあたっては必ず押さえておかなければならない点があります。

　制度上は60歳から75歳までの15年間が受給開始の選択肢になりますが，そもそも厚生年金への加入期間は70歳までであり，仮に60歳定年後も嘱託職員として残るものの，70歳で完全に退職した場合はその後の5年間は（労働収入がなくなることから）無収入期間となります。

　もちろん配偶者の収入や他の不労所得がある場合は，その期間も大きな打撃を受けることはないでしょうが，突発的な病気や怪我に対する医療費の確保等，心配事は尽きないはずです。

　繰下げを検討する方の特徴としてある程度の期間，ある程度の労働収入（役員報酬を含む）があることが多いでしょう。

　その場合は，在職老齢年金で全額支給停止であった場合は全く増額しないということも想定されますので，事前に年金事務所に相談にいき，繰り下げた場合にどの程度の報酬であればどの程度の年金が増額対象として見込めるのか試算してもらっておくのがよいです。

　70歳以降に年金を請求することになったとしても，家庭状況の変化によって，請求時点で繰下げを選択したくないということも想定されます。繰下げは既に受給を開始している繰上げと違い，「撤回」（ここで言う撤回とは予定していた繰下げ請求をせずに例えば65歳当時に遡って年金を請求する）が可能です。ただし，年金の時効は5年間です。

　法改正によって旧来年金の繰下げ上限年齢が70歳でしたが，75歳に拡大されましたので，例えば72歳で繰下げ請求を予定しており，待機していたものの，病気を患ってしまったケースを考えてみます。

　このような場合，もちろん，月々に増額された年金を受給できることもプラスに働きますが，それよりもある程度まとまったお金が必要になると考えられます。

　しかし，既に72歳となれば，年金受給開始年齢である65歳は5年よりも前であることから，時効消滅している期間分が生じていることとなります。

　そこで，「70歳以降に請求する場合の5年前時点で繰下げ制度」とし，70歳以降に年金を請求し，かつ，請求時点において「繰下げ請求を選択しない」場合においては，年金額の算定にあたって「5年前に繰下げの申出があったもの」として年金を支給するように改正されています。

　素人目線であっても昭和時代と比較し，医療は明らかに発展を遂げています。ただし，65歳から75歳までの10年間でまとまったお金が必要となること（代表的なケースとしては何らかに罹患したことによる治療費）が全くないとはとても思えません。

　繰下げの恩恵（1か月あたり0.7％の増額）も捨てがたく，全く活用しないという発想も適切とは言えませんし，今後増えることが予想されます。もし，繰下げを活用したとしても，いざとなった場合には，この「70歳以降に請求する場合の5年前時点で繰下げ制度」を頭の隅に残しておくことで精神衛生上もよいのではいかと考えます。

　また，「75歳以降に」繰下げを行った場合は，75歳に繰下げ申し出があっ

たものとして年金が支給されることとなります（制度上，75歳を超えて請求はできないため）。

　繰り返しになりますが，年金の繰下げは75歳まで繰り下げた場合は，84％の増額となります。もちろんこの部分はメリットであることには変わりません。

　年金収入は通常，雑所得となります。年金受給額から基礎控除と公的年金等控除を合わせて考慮すると，課税対象となる所得がゼロになるため，収入が公的年金のみの方の場合は，65歳に満たない方については受給額が108万円以下，65歳以上の方は受給額が158万円以下の場合は所得税を納める必要はありません。

　なお，令和元（2019）年10月に消費税が8％から10％に上昇した際に年金生活者支援給付金という制度が設けられました。

　年金生活者支援給付金は老齢，障害，遺族，それぞれに制度として存在しますが，老齢の場合は以下の3つの要件があります。

- 65歳以上の老齢基礎年金の受給者である。
- 同一世帯の全員が市町村民税非課税である。
- 前年の公的年金等の収入金額（障害年金，遺族年金等の非課税収入は除く）とその他の所得との合計額が881,200円※である。

※　781,200円を超え881,200円以下である方には，「補足的老齢年金生活者支援給付金」が支給されます。

　繰下げと何が関係があるかというと，「前年の公的年金等の収入金額」が繰下げによって増額したために年金生活者支援給付金が不該当になってしまうことも起こりうるということです。

　他にも繰下げを予定していたものの，まとまったお金が必要となったた

め，65歳当時に遡って請求するとした場合は，遡って受給した年金は少なくとも「過去」に受給する予定であった年金であるため場合によっては確定申告のやり直し等が発生することがありえます。

　また，手続き的な注意喚起にはなりますが，繰下げを希望する場合は65歳の時に意思表示をするだけでは足りません。

　なぜなら，実際に希望する繰下げ年月以降に「請求手続き」をしなければなりません。そして，繰下げ請求は最低でも66歳以降でなければなりませんので，この点も併せて押さえておきましょう。

---

7 遺族年金と離婚時の年金分割どちらが得か

　遺族年金は夫婦であることが前提であるのに対して（死別のため，厳密には「夫婦であること」ではなく，「夫婦であった」という表現のほうが適切です），離婚時の年金分割は夫婦でなくなったことが前提です。

　まずは次の２つの制度について確認・整理をしましょう。遺族年金は制度的には２つの年金が存在します。１つ目は１階部分である国民年金に整備されている遺族基礎年金，２つ目は２階部分である厚生年金に整備されている遺族厚生年金です。

　前者の遺族基礎年金は「子のある配偶者」または「子」（子の部分の詳述は割愛）が受給権者であり，「子のある配偶者」の定義としては18歳の年度末に達するまでの子または障害等級１・２級の場合は20歳未満の子でかつ未婚であることが要件となることから，多くの場合，定年後にこのような「子」を有しているケースは（ゼロではないにせよ）稀だと思いま

す。

　他方，遺族厚生年金の場合は「子のある配偶者」の定義はありませんので，理論上は遺族基礎年金よりも対象になることが多い傾向にあります。

　遺族厚生年金の注意点は，妻が他界した場合，夫は「55歳以上」という要件があり，かつ，支給開始は60歳到達月の翌月からとなることです。ただし，同時に遺族基礎年金の受給権を有している場合に限り60歳前からでも受給可能です。統計上は女性のほうが長生きする傾向にあり，遺族年金はより身近な制度と考えます。

　繰り返しになりますが，遺されたのが妻の場合は「55歳以上」という要件はありませんので，仮に定年年齢が60歳であっても60歳を待たずして遺族厚生年金の受給が始まるということはありうる話です。

　離婚時の年金分割についても制度的な部分から確認しましょう。まず，離婚時の年金分割とは，「婚姻期間中」の「厚生年金の記録」を「当事者間で分割」できる制度です。なお，「厚生年金の記録」とは「厚生年金の標準報酬月額と標準賞与額」を指します。

　そして，分割される期間は「婚姻期間中」の分に限定され，婚姻期間中の標準報酬の総額の「多いほうから少ないほうへ」分割が行われることになります。言い換えると，必ずしも夫から妻へというわけではありません。なかには妻が管理職相当職ゆえに夫より報酬が高かった場合には妻から夫へ分割するということも起こりえます。

　そもそも婚姻期間中は「協力関係」のもとに職業（日々の労働や保険料の拠出）・日常生活が営まれており，離婚を契機に婚姻期間中の職業生活において密接な関係にあった年金記録が一方のみにしか反映しないのは適切とは言いがたいです。そこで遺族年金よりは歴史が浅いものの，離婚時の年金分割の制度が平成19（2007）年4月1日（3号分割は平成20（2008）年4月1日）から施行されています（離婚時の年金分割は制度としては2つの制度があります）。

　実際にどの程度分割するのかは，当事者間の合意や，裁判により決められた按分割合によって分割を行うこととなります。法律上は分割する側は「第1号改定者」となり，分割を受ける側は「第2号改定者」となります。なお，離婚時の年金分割のよくある誤解には次の3点あります。

【離婚時の年金分割，3つの誤解】

1.「年金額」が分割されるわけでない	仮に分割される側になったとしても分割されるものは「年金額」ではなく，「婚姻期間中」の「厚生年金の記録」です。すなわち，国民年金から支給される老齢基礎年金は「厚生年金」ではありませんので，そもそも分割の対象にすらなっていません。
2．自身の年金受給開始年齢以後に恩恵がある	仮に分割される側になったとしても，自身の年金受給開始にならなければ分割された「厚生年金の記録」も実際に反映していませんので，実益があったとは言えません。
3．場合によっては分割する側になることもある	自身が「第1号改定者」となる場合には「第1号改定者」から「第2号改定者」へ分割が行われます。具体的な記録を把握しているのは年金事務所になりますので，仮に離婚した場合は自身が（第1号改定者，第2号改定者の）どちらに当たるのかを確認することができますので，事前に相談することがよいでしょう。

　遺族年金の受給が確定しても必ず未来永劫受給できるとは限りません。遺族年金は「再婚」すると継続して受給ができなくなります（受給権が消滅します）。
　再婚の予定がない場合は遺族年金は，継続的かつ固定的な収入となり，

離婚時の年金分割とは異なり，自身の年金受給開始年齢前であっても（女性は55歳以上という要件もないことからなおさら）受給開始となり，かつ，遺族年金は非課税となりますが，老齢年金は課税となります。

　ただし，65歳以降の遺族年金は注意が必要です。65歳以降は，自身の「本来支給の老齢厚生年金」の支給が開始します。もし，65歳前でも「特別支給の老齢厚生年金」の受給権がある場合は「1人1年金の原則」という考え方があり，遺族年金か老齢年金かを選択することとなります。

　他方，65歳以降は，自身が現役時代に汗水たらして働いた中から高額な社会保険料を納めてきたことに対する実績とも言える「本来支給の老齢厚生年金」の支給が始まりますので，遺族厚生年金の両方を受給することができます。

　なお，自身の老齢厚生年金を優先的に受給した結果，「本来支給の老齢厚生年金との差額」を遺族厚生年金として受給することに変更されますので，遺族年金は65歳を境に受取り方法が変わるという点を押さえておきましょう。この認識がないと遺族年金が減らされたと感じてしまうこととなります。

8 請求しないともらえない年金

　至極当然の話ではありますが，年金に限らずいざ自分事となった場合には（特に仕事も継続している場合）失念していることが生じることはめずらしくありません。

　例えば健康保険加入者が業務とは因果関係のない病気や怪我で4日以上仕事ができなくなった場合に対象となる傷病手当金も同様です。

　確かにマイナンバーを契機に各行政機関の連携もスムーズに行われるよ

うになり，老齢年金については保険料納付済月数と年齢がわかれば，事実上受給できることが確定します。しかし，どこの口座に振り込むのか（本人名義に限る），いつから受給開始するのか（年金の繰下げ等）という選択の余地がある部分もあるため，実際に請求行為をしなければ，年金が自動的に振り込まれることはありえません。

　年金の時効は5年間であり，仮に5年を経過してしまうと時効消滅することから受け取ることができない分が発生してしまうこともありえます。特に「特別支給の老齢厚生年金」の受給権を有している方は65歳よりも前に受給開始となることから，より自分事として認識しておく必要があります。

　また，過去に「消えた年金問題」等の制度的な問題によって不利益を被っている方の場合は特例的に5年を経過した分の年金を受け取れる場合もありますが，まずは原則である年金の時効は5年という認識は持っておくことが重要です。なお，前述の傷病手当金の時効は年金よりも短く，労務不能となった日の翌日から日ごとに2年間（1日ずつ時効が起算されていく）という特殊な考え方となっています。

　現実問題として旧法時代と新法時代（昭和61（1986）年4月1日を起点とする）では旧法時代のほうが年金額は高い傾向にあります。多くの法改正を経て，新法時代である現在は「プラスアルファ」の年金として年金を増やす選択肢は多く整備されています（その分迷ってしまうという声もありますが）。しかし，その前になぜ「年金が思ったより少ない」につながるのかを検証しましょう。

1 入退職が多い

　働き方改革の影響もあり，旧来よりも雇用の流動化が進んでいます。同じ会社内で同じ仕事をするにしても労働時間によっては社会保険に未加入というケースもあります。原則として，おおむね週30時間以上働く場合は社会保険へ加入することとなります。

　また，社会保険適用拡大の影響もあり，企業規模によっては週20時間の労働時間の場合であっても社会保険への加入が強制となるケースもあります。また，就職先が個人事業所であっても，業種・人数によっては社会保険の加入が義務となります。

　他方，社会保険（ここで言う社会保険とは年金制度上は厚生年金を指す）に加入していない場合は自ら国民年金へ加入しなければなりません。厚生年金に加入している場合は，毎月の給与（賞与が支払われる場合は賞与でも）から保険料が引かれることとなりますので，理論上は，保険料の滞納になっているということはありえません。

　しかし，再就職したものの社会保険の適用となっていない期間があった場合や，退職後に再就職までに一定の空白期間がある場合も自身で国民年金第1号被保険者へ種別変更の手続きをし，保険料を納めなければ「滞納」となってしまい，当然，年金が増えることはなくとも減る可能性があります。働き方は同じであっても試用期間中に限り社会保険未加入というケースにも遭遇しますが，法律上，そのような定義はありません。

　理論上，入退職が増えれば増えるほど職場との認識相違によって社会保険が未加入となっている場合や自身の国民年金保険料の加入手続き（および保険料納付手続き）が漏れることが生じやすい，といえるでしょう。

2　大学生時代の保険料の未納

　2階部分の厚生年金と1階部分である国民年金では老齢年金の計算方式が全く異なります。1階部分である国民年金から支給される「老齢基礎年金」は「フルペンション減額方式」が採用されており，「20歳から60歳までの480か月間」にどれだけ保険料を納めた（免除期間も一部含まれる）かによって年金額が決定します。

　国民年金は昭和36（1961）年にできた制度です。昭和の時代と比較すると現在は大学進学率は上昇しています。国民年金加入義務が生じる「20歳」は，大学2年生の頃です。大学生のお財布事情を勘案すると，法律上生ずる保険料とはいえ，月額16,520円（令和5（2023）年度）の「支出」は学生にとっては大きな負担と言えるでしょう。

　もちろん，現行の制度として，「学生納付特例制度」の申請をすることで，「滞納」でなくなるだけでなく，10年以内であれば保険料を納付することも可能です。

　なお，年金制度の歴史として，平成3（1991）年4月から学生も国民年金は加入義務となりましたが，平成3（1991）年3月までは「任意」とされていたため，空白が生じている可能性があります。

　高校卒業後すぐに就職した場合は就職と同時に厚生年金に加入している可能性が高く，杞憂に終わる可能性もあるでしょう。しかし，平成3（1991）年3月以前に学生期間がある場合は注意が必要です。

3　厚生年金基金の上乗せ

　多くの場合，年金の請求はご自身の住所の最寄りにある年金事務所や街角の年金相談センターで行われます。しかし，それとは別に請求手続きが必要なものがあります。

　それは「厚生年金基金」，すなわち企業年金です。厚生年金基金は，企業が単独または共同して設立する公法人であり，老後の保障を手厚くすることを目的に「老齢厚生年金」の一部を国に代わって支給すること，企業の業績等を考慮して独自に上乗せ給付が行われます。

　制度自体は昭和41（1966）年からスタートしているものの，バブル崩壊後の運用実績の長期的な悪化による利差損，代行部分の財政中立化に伴う利差益の縮小等もあり，実益が目減りしていき，平成26（2014）年4月1日以降は新たな厚生年金基金の設立は認められないこととなりました。

　ご自身で厚生年金基金への加入を正確に記憶されている方は多いとは言えません。こうした方は，年金事務所（街角の年金相談センターを含む）での相談時に加入の有無自体の情報提供をしてもらいましょう。

　その後の請求にあたっての具体的な問い合わせ先はもちろん各厚生年金基金となります。どこの厚生年金基金か特定できない場合は「企業年金連合会」に問い合わせることが有用です。

　問い合わせにあたっては，ご自身の氏名・生年月日の他に厚生年金基金の加入員番号，基礎年金番号の確認ができます。この中で，厚生年金基金の加入員番号が不明というケースは多く，過去に厚生年金基金に加入していた記憶がある場合は事前に確認しておくことが重要です。

　最も気になる部分は，「上乗せ給付」の有無です。各基金によっては独自の上乗せ給付として厚生年金よりも手厚い給付が行われるケースがありますが，これは各基金の規約によって定められているため，必ず対象にな

ると断言できるものではありません。

　基金加入後に加入期間に応じた老齢厚生年金の報酬比例部分を国に代わって基金から給付する「代行給付」もあります。

　基金加入者が受給する年金はその一部が基金からの代行給付という形になることから，仮に同じ給与形態で加入期間も全く同じ幼馴染同士で年金証書を見比べた場合，基金加入者のほうが老齢厚生年金の額が低額となっていることが考えられます。

　これは，老齢厚生年金の一部を基金から支給していることが影響していると考えられます。もちろん，上乗せ給付がある場合には基金に加入していない人に比べて年金額が多くなることがあるため，一概に損をしていると決めつけることはできません。

　最後に，「65歳前」に国から支給される「特別支給の老齢厚生年金」は失業保険を受給する場合は，支給停止されますが，基金からの給付は各基金の規約によって定められているため，加入していた基金に問い合わせる必要があります。

定年退職→再雇用時の有給休暇の行方

● 有給休暇付与の義務

　有給休暇は基準日ごとにその時点での勤続期間に応じて所定の日数が付与されていきます。例えば勤続年数が6年6か月の方は，法律上の上限である年間に20日の有給休暇が付与されます。

　この「勤続年数」とは実質的に労働契約関係が継続している場合は「通算」して考えなければなりません。行政解釈上も「継続勤務」とは労働契約の「存在期間」と解釈します。言い換えると「在籍期間」です（昭和63.3.14 基発第150号）。

● 有給休暇付与義務の潜脱

　意図的に労働契約をいったん解消した後に再締結するようなケースは有給休暇の付与義務を免れるための脱法行為と判断される可能性が高いと言わざるをえません。

　行政解釈上も「毎会計年度の初めに当該年度における公共事業の実施準備等に要する10日程の期間があり，その間当該職員を必要とする業務が行われないために，当該職員が一時的に離職することがあっても，前後を通じて当該公共事業に雇用されている限り，一般に当該職員の労働関係は実質的に継続しているものと認められる」（昭和36.11.27 基収第5115号）との通達が存在します。

● 社内システムはトラブル要因

　実務上は，社内のシステムの便宜上，定年退職者はいったん退職年月日を入力しなければならず，副次的に勤続年数がリセット

されて，有給休暇の付与日数がゼロとなってしまっていたケース
があります。定年退職後に再雇用となる場合は，確認する意味合
いで人事部門に問い合わせておくことで，再雇用後の無用なトラ
ブルを回避することができます。

30秒でフィードバックする
本章のまとめ

1 すべての制度の把握は難しいが自身に関係する制度の構造は理解しておきたい。

2 どんな給付も請求しなければ受給することはできない。

3 年金制度の時効は 5 年であるが，それより短い時効もある。

4 複数の制度が活用可能な場合は定年退職前から比較検討を開始しておく。

5 年金事務所への相談で，制度に対する誤解がないかも確認しておく。

第 5 章

こんな場合どうする？
老後のお金の
選択・実践トレーニング

　年金についての知識は得られたけれど，いざ自分が「本番で」（＝定年を迎えたときに）何を実践して，その結果がどうなるのかがよくわからないという相談を多くいただきます。

　ここで取り上げるお話が，読者の方々のご事情と全く同じということはないでしょう。しかし，本章の事例を用いて，老後のお金の選択の実践トレーニングを行うことで，ご自身の「本番」のイメージを持つことに役立つことと思います。

定年60歳制の企業で就労中であり 再雇用で65歳まで働き退職後に 熟年離婚を検討中の夫婦

1

　「**第4章7　遺族年金と離婚時の年金分割どちらが得か**」でお伝えしたとおり，離婚時の年金分割は自身の年金支給開始年齢に達してからでなければ実益がありません。

　また，必ずしも自身が分割された年金を受ける側になるとも限りません。共働き世帯が増えており，いわゆる専業主婦（夫）家庭は減少傾向が続いていますし，そうすると，いざ離婚時の年金分割をしてみたところ，自分の年金が減ってしまったということもありえます。

　そこで，まずは「年金分割のための情報提供請求書」で自身が第1号被保険者改定者となるのか，あるいは，第2号被保険者改定者となるのか，対象となる標準報酬総額等を「離婚前」に確認しましょう。また，50歳以上の方で，かつ，老後の年金の受給資格を満たしている場合は，年金分割時の老齢厚生年金の見込み額の試算も可能です。

　なお，次ページの表の場合は，改訂者となるのかの情報提供がされないことになっています（https://www.nenkin.go.jp/service/pamphlet/kyufu.files/5-1.pdf）。

【年金分割のための情報提供がされない場合】

① 既に分割請求が行われた離婚等に係る請求

② 離婚が成立した日の翌日から２年を経過している請求

③ 婚姻が取り消された日の翌日から２年を経過している請求

④ 事実婚関係が解消したと認められる日の翌日から２年を経過している
請求

⑤ 情報提供を受けた日の翌日から３か月を経過していない日（ただし，
次の場合を除く）

・国民年金被保険者の種別変更があった場合

・養育特例の申し出が行われた場合

・第３号被保険者該当届が行われた場合

・按分割合に係る審判または調停等の申し立てをするために必要な場合

　情報提供請求書は単独での申請も可能ですが，離婚前であればなおさら，情報提供請求書を請求していること自体，相手方に知られたくない（これをきっかけに感情的な軋轢が生じることが懸念されます）と考えるのが自然です。

　さすがに年金事務所に相談したその日に発行してもらうことは困難ですが，書面の送付先を指定することは可能なので，例えば現在の住民票上の住所に送付されてしまうと配偶者に見られてしまう場合に自身の実家に送付してもらうことなどはできます。あるいは実家が遠方である場合や友人宅に送ってもらうことは憚られるという場合は年金事務所の窓口での交付も可能です。

　離婚の決意が固い場合は遅かれ早かれ相手方にはわかってしまうことですが，少なくとも自身が第１号改定者に該当する場合は自分からは請求しないという選択が取れるため，事前に確認しておくことが有用です。なお，離婚時の年金分割は離婚から２年以内に行う必要があります。

　他方，共同で申請した場合は，それぞれに書面が交付されます（１人で

請求した場合は離婚前であれば請求者のみに交付）。また，離婚後であれば，請求していないほうにも書面が交付されます。

　請求時で注意すべきなのは，所定の書面へ必要事項を記載するだけでは足りず，請求する方の基礎年金番号が確認できる書類（例えば年金手帳）と婚姻期間を明らかにすることができる書類（例えばそれぞれの戸籍謄本）の添付が必要となること（事実婚の場合は，併せて住民票の添付も必要）です。

　繰り返しになりますが，離婚時の年金分割は，１階部分の老齢基礎年金は影響がなく，実際に年金が増えるのは自身の受給開始年齢に到達した後（そもそも受給開始年齢到達前だと年金の受給が始まっていない）です。それ以後（例えば65歳受給開始で離婚が67歳のケース）であれば，情報提供を「請求した翌月」から年金分割となるため，理論上，請求が遅くなればなるほど増額も先延ばしされるということです。

　また，情報提供請求書だけでは年金の分割は行われません。それは単に情報が提供されている状態にすぎず，その後，夫婦間での按分割合の話し合いをし，実際に分割請求をしなければなりません。共働きの場合，按分割合の話し合いについて時間をかけて話し合いの場を設けることが困難な場合が予想されます。

　具体的な書類記載方法は年金事務所で案内してもらえるのと違って，夫婦間での按分割合の話し合いについては年金事務所は立ち入ることが不可能であるため，最も時間がかかるということも予想されます。

＊　＊　＊

　ところで，年金分割は「合意分割」と「３号分割」に分けられます。「３号分割」は「合意が不要」であり，改定割合は一律に50％となります。他方，「合意分割」は「合意が必要」であり，改定割合はあくまで上限が

50％です。

　減少傾向ではありますが，按分割合50％で合意分割の予定であったものの，情報提供請求書の通知書には影響がないはずの老齢基礎年金が分割を行わない場合のほうが見込み額は高いと出るケースがあります。

　この場合，考えられる影響として，分割を受けることで，老齢基礎年金へ加算される「振替加算」がなくなることがあります。

　制度上，厚生年金への加入期間が20年未満であっても，分割を受けることで離婚時みなし被保険者期間（実際に厚生年金には加入していないものの分割を受けたことで厚生年金へ加入していたとみなされる期間）を含めて20年以上になると，振替加算の対象ではなくなることが影響するのです。

　本来は，厚生年金の被保険者期間ではなかったものの，分割を受けた結果，厚生年金へ加入していたこととなるため，稀にこのようなことが起こります。

　加給年金と比較すると振替加算は少額ではありますが，年金は一生涯受給できますし，離婚後に相手方が死亡しても受給対象であるというのは，メリットとして小さくありません。情報提供請求書の時点で，年金分割への理解が浅かったとならないようにしておきましょう。

2 保険料は「10年」納めて後は貯蓄でやりくりする

　自営業の期間が長くかつ，国民年金保険料を滞納していたという場合に起こりうるのが，無年金者となってしまうリスクです。

　平成29（2017）年8月1日以降は老後の年金の受給資格期間は25年から

10年に短縮されていますので，「無年金者」とならず，一生涯にわたって老後の年金を受給でき，また，住民税非課税世帯等，他の要件を満たすことで年金生活者支援給付金も併給できる可能性が高くなっています。

ただし，「10年」では，当然「25年」よりも受給される年金額が少なく，月額に換算すると約16,000円の年金となります。労働収入がなくなる以後の生活は困窮することが容易に想像できます。

貯蓄が十分にあるということであれば，そこまで大きな問題に発展しないのかもしれませんが，そうでない場合，遺族年金に目が行くことでしょう。遺族年金は（例えば別居する子供の健康保険上の）扶養に入る際の収入には含まれるものの，老齢年金と異なり，非課税給付である点も無視できません。

遺族年金には２つの制度がありましたね（117ページ参照）。１つ目は１階部分である国民年金から支給される遺族基礎年金，２つ目は２階部分である厚生年金から支給される遺族厚生年金です。この遺族基礎年金は生計維持関係にある成人前の子を有していることが要件の１つであるため，晩婚化とはいえ，（ゼロではないにせよ）「定年前後」の時期に支給対象となるケースは多いとは言えません。

他方，遺族厚生年金には生計維持関係にある成人前の子を有しているという要件はありませんが，次の２つの要件があります。

【遺族厚生年金の受給要件】

①短期要件	●在職中に死亡 ●在職中に初診日のある病気や怪我が原因で初診日から５年以内に死亡 ●障害等級１級または２級に該当する障害厚生年金の受給権者が死亡

②長期要件	●受給資格期間が25年以上ある人が死亡

　ここで着目すべきポイントは「②長期要件」です。①の短期要件は在職中の死亡をはじめ年齢的に若いうちにも受給権が発生する可能性は高いですが，私の経験上，遺族年金は遺族厚生年金の要件に該当することは多くありません。

　一方，②の長期要件に該当するケースが多いです。しかしその場合，年金の受給資格期間である「10年」では遺族厚生年金の長期要件を満たしません。

　もちろん，まずは10年を目標にすることは老後の年金の受給資格を確保するという意味では間違いではありませんが，遺族年金まで見据えるとやはり，25年は確保しておくことが将来の安心につながると考えられます。

　特に遺された配偶者が夫ではなく「妻」であった場合（統計上もこのケースが多い傾向にある）で，専業主婦の期間が相当期間に及んでいた場合は自身の老齢年金も少ない傾向にあります。

　そこで，夫が長期要件の「受給資格期間が25年以上ある人が死亡」に該当することで妻に遺族年金を遺すことができます。遺族年金は再婚すると他に生計維持関係が生まれることから失権となりますが，そのようなケースばかりとは言えず，家計を支える１つ定期的収入源となります。

3　早期死別で遺族年金受給中

　老齢年金と遺族年金の違いには，必ずしも65歳から年金受給開始とならないことがあります。具体的には，遺族年金は老齢年金と違い，65歳前か

ら支給開始となることがあります。さらに，遺族年金は男女で制度的に異なっている部分が多く，誤解されている部分があり注意を要します。

　まず，妻が30歳未満で夫と死別した場合の事例を時系列上に挙げて確認したいと思います。このケースは遺族厚生年金については，「5年の有期年金」となります（子のない30歳未満の妻となると，十分に再就職等の可能性を残しており，ある程度の生活を営んでいくことは可能であると解されるため）。

　本来，遺族年金は再婚をしない限り，終身で受給ができる年金です。ただし，夫の死亡当時，30歳未満の子のない妻への遺族厚生年金は受給権発生から起算して5年で終了となるということです。また，再婚と同趣旨で失権を意味しますので，その後年金は支給されなくなります。

　30歳間際で「定年」とはなりませんから（日本の法律上定年年齢の下限は一部の業種を除き60歳のため），定年間際に起こりうる老齢年金と遺族年金の受給権の問題はありません。

　次に妻が死亡し，遺されたのが夫のケースも確認してみましょう。遺族厚生年金については妻が死亡当時55歳以上の夫である方に限定されます。また，実際に支給開始となるのは60歳以降となります。

　ただし，併せて「遺族基礎年金」を受給できる場合は55歳から60歳の間であっても遺族厚生年金の受給は可能です。子供が既に成人しており，遺族基礎年金の受給権がない場合は仮に55歳であっても夫に60歳からの遺族厚生年金は支給されないことは，注意が必要です。

　他方，60歳から遺族厚生年金が受給開始となったものの，65歳前から支給開始となる「特別支給の老齢厚生年金」の受給も始まるというケースも想定されます。この場合，どのような選択が堅実でしょうか。

　まず，年金制度には「1人1年金の原則」という考え方があります（120ページ参照）。3種類の年金制度「老齢，障害，遺族」のうち，支給事由が異なる2つ以上の年金を受けられる場合は，原則いずれか1つの年金を

選択しなければなりません。

　今回のケースでは老齢年金と遺族年金の2つの受給権が発生しています。その場合は「年金受給選択申出書」を提出し，本人が希望する年金を受給することとなります。では，何を基準にどちらの選択をすればよいのでしょうか。

　まずは「年金受給額」（老齢年金と遺族年金はどちらが高いか）が優先順位としては高いでしょう。次に税金の問題です。老齢年金は課税，遺族年金は非課税であることは無視できません。

　そして，雇用保険の問題です。特別支給の老齢厚生年金は雇用保険から給付される失業保険と調整対象である点は無視できません。例えば60歳定年後に1年間再雇用契約を締結し，その後，他の仕事にも挑戦するために退職し失業保険の受給対象となる場合はなおさら検討の必要性は高いと考えられます。

　また，特別支給の老齢厚生年金はそもそも受給できるのかという問題もあります。代表的なケースとして，在職老齢年金の対象となる程度の収入が見込まれる方で，例えば部長クラスの報酬を得ている場合等です。

　第1章でお伝えしたように令和4（2022）年4月以降は在職老齢年金による「カット」の水準が28万円から48万円（年度によって変動がありうる）に改正されています。よって，理論上はより多くの方がカットの対象から外れていることになります。

　遺族年金には在職老齢年金は適用されませんので，月々に受ける報酬額が直接的に影響して「カット」されるということはありません。もし，現在受給中の老齢年金はカットされてしまい，少額の老齢年金しか受給できないのであれば，あえて老齢年金を選択する実益も乏しいと言えます。

　最後に，遺族年金には在職老齢年金は適用されないという話をしましたが，死亡当時の「年収要件」というものがあります。遺族年金は，配偶者等と死別することでその者によって生計維持されていた遺族の生活を保障

する目的で支給されます。

　よって，いわゆる高報酬層に位置する程度の収入を得ているとなると（生活を保障するという）必要性に疑問符が生じるので，このような要件があるのです。具体的な「年収要件」とは前年の年収が850万円未満（所得の場合655万5千円未満）となります。

　ただし，「概ね5年以内に年収が850万円未満となると認められる事由」がある場合は（例えば勤務先の就業規則で定年年齢が○歳と定められている）年収要件を満たすと判断されることがあります。また，何らかの事情（例えば一方の親の介護や単身赴任等）で別居していたとしても仕送りを受けていた場合や，健康保険の被扶養者である場合が確認できればそのことのみをもって遺族年金の対象外とはなりません。

　ここで注意すべきなのは，「在職老齢年金制度」においては，「厚生年金保険適用事業所以外」の副業先から受ける報酬は在職老齢年金制度によるカットの対象となる報酬には含まれないのに対して，遺族年金の年収要件には副業先での収入も含めて判断されることです（遺族年金の場合は原則として，再婚等他の失権事由に該当する場合を除き，一度受給が認められれば，その後収入が850万円を超えても失権とはなりません）。

　「年金受給選択申出書」は，（家庭環境等は今後も変わっていくことが自然ですので）一度提出したらその後は全く変更ができないということではありません。提出後，翌月から反映されます。どの年金受給とするのか，その検討は受け取る年金額に直に結びつく重要な選択です。

　回避したいのが，「考慮漏れ」です。例えば2つの選択肢がある際には，どちらかを選ぶと必ずメリットとデメリットが存在します（どちらを選んでもトータルで1円のズレもなく全く同じということはほぼありません）。そのため，年金事務所や専門家に相談し，双方を吟味し，理解をした上で選択しましょう。

④　同年代夫婦の年金受給開始時期の選択

　20年以上厚生年金保険に加入している受給権者が65歳到達時点において生計維持関係にある65歳未満の配偶者または18歳年度末に達する前の子（障害状態にある場合は20歳未満）を有している場合には，老齢厚生年金に対して加給年金が加算されることから，本書では年金制度において「年の差婚」は（特に厚生年金の加給年金において）メリットになることをお伝えしてきました。

　配偶者が対象となる加給年金は当該配偶者が65歳に達すると加算は終了します。言い換えると，同世代夫婦の場合は「年の差」がないので理論上加給年金の対象にならないということです。

　年齢以外の要件を満たしているにもかかわらず加給年金が全く支給されないのは不自然にも思えます。例えば健康保険上の扶養の場合，同世代だから扶養の対象にならないということはなく，年齢差にかかわらず生計維持関係にある場合，一定の金銭的な負担は免れることはできません。

　また，同世代夫婦の場合，「年の差婚」に比べて両者が一斉に高齢に近づくことから「世帯として」の健康面でのリスクも高いと考えられます。このような場合であっても何も対策しないわけにはいかず，「長生き」というリスクに備えて何らかの準備をしなければなりません。

　もちろん私的年金と位置づけられる iDeCo 等で「補填」するという考え方もあるでしょう。ただし，iDeCo の場合，「自己責任」の下で「運用」していかなければならない性質があること，60歳から受取りを開始するには10年以上の期間が必要であること等，「定年間際」の方が取りうる選択肢とするには無理があると考えられます。

　そこで，より良い公的年金の受取り方を検討するわけですが，選択肢と

しては次の7通りがあります。

【公的年金のより良い受取り方の候補】

1．夫婦ともに65歳から受給	最もスタンダードなパターンと言えます。もちろん夫婦ともに原則的な年齢である65歳から受給開始しても，一方の年金を貯蓄に回して将来的な高額療養費への活用，さらに支出が伴い，まとまった医療費が必要となった際に備えておくことも想定。
2．夫婦ともに繰下げ	双方が再雇用等によって定期的かつある程度まとまった労働収入がある場合，65歳に到達したからといって請求しなければならないわけでなく，増額させる目的で繰り下げておくという考え方は十分想定されます。 注意点は報酬が役員クラスであり，たとえ繰り下げずに通常通り請求していたとしても全く受給できないということであれば，受給時期を繰り下げても年金額は増えない可能性が高いです。今の報酬体系と年金額の関係（そもそも増額対象となるのか等）を，年金事務所に事前に確認しておくことが求められます。
3．妻のみ繰下げ	夫が再雇用等で働いているものの手取り額が少なく，妻が長寿の家系で長生きしそうというケースで想定されます。手取り額が少ないということは「2.夫婦ともに繰下げ」は現実的に選択が難しく，夫だけでも通常通り65歳から年金を請求する必要性が高いはずです。 ではなぜ「夫」なのかと言うと，一般的に女性より男性のほうが働いている期間が長いからです。その場合，年金額としては男性のほうが高い傾向にあります。特に「報酬比例」で

ある老齢厚生年金は高い報酬でより長く働いている場合に年金額も高くなります。そこで，生活の基盤を整える意味で夫が年金を請求し，妻が繰り下げるということです。

また，日本の平均寿命を勘案すると男性よりも女性のほうが長生きするデータが示されており，妻は夫の他界後を見据えて繰下げによって増額した年金を受け取れる準備をしておくということです。夫の他界後は遺族年金があるのではないかとの声もありますが，長期要件の遺族年金については保険料納付済等の期間が10年ではなく，25年が必要ですので，この問題をクリアしているかの確認をしておきます。

また，現行の法律は，65歳以降にご自身の老齢厚生年金と遺族厚生年金を両方受給できる場合は，まずは優先的にご自身の老齢厚生年金を受給し，ご自身の老齢厚生年金と遺族厚生年金との「差額」を遺族厚生年金として受給する仕組みになっています。そして，遺族厚生年金は再婚によって受給権が消滅します。老齢厚生年金と異なり，必ず一生涯受給が約束されているという年金ではありません。

妻の厚生年金のみ繰下げを選択する場面は多いでしょう。そうなると，一生涯の受給が確約されていない遺族年金に頼るのは一定のリスクがある点を踏まえると終身年金である老齢年金を繰下げによって増額させておくことは自身の身を守る意味でも重要な視点です。

4. 夫のみ繰下げ	生活レベルによってもちろん差異は生じますが，一般的な家庭における「セカンドライフ」の基本生活費は月額約270,000円とされています（平成30年総務省家計調査報告）。例えば妻が老齢基礎年金の満額（この場合は月額約65,000円）と厚生年金に加入していた期間があることから老齢厚生年金も受

	給でき，かつ，現在も労働収入があって妻のみで月額270,000円の収入が確保できる家庭なら，妻よりも老齢厚生年金額が高く，さらに在職老齢年金によってカットされる影響もないことから夫の年金受給を繰り下げるという選択肢は有力でしょう。
5. 夫婦ともに繰上げ	早期にまとまったお金が必要な場合に考えられる選択肢です。治療費の捻出や余命宣告を受けている場合が考えられます。生活自体はつつましくても構わないが，生きている間に可能な限り早い時期から年金を受け取ろうとする場合に考えられる選択肢です。
6. 妻のみ繰上げ	夫は再雇用等で労働収入はあるものの手取り額が少なく「生活費の足し」が必要な場合に考えられる選択肢です。
7. 夫のみ繰上げ	一般的に女性よりも男性のほうが年金額は高いケースが多いことから，「6. 妻のみ繰上げ」よりも多くの生活費の足しが必要な場合に考えられる選択肢です。

　年金の受給開始時期について，まず，認識しておくべきは65歳より早める繰上げの選択をする場合です。その注意点を改めて見てみましょう。

1　繰上げをする場合の注意点

繰上げ期間に応じて年金額が一生涯にわたって減額される

　繰上げは，本来の受給開始時期である65歳までの繰上げ期間だけ減額されるのではなく，一生涯にわたって減額が行われます。

　したがって，ある一定の年齢以上を生きた場合，いずれ65歳から受給したほうが多くの年金を受給できたという「損益分岐点」が訪れます。つま

り，「損益分岐点」よりも前に余命宣告を受けているような場合や，定年前後の生活状況が困窮している場合は繰上げの選択がされる傾向にあります。

繰上げ請求すると請求した日の翌月から年金が支給される

繰上げ請求したからといって翌日に年金が支給されるわけではなく，あくまで請求した翌月から年金は支給されます。

繰上げ請求後は撤回不可能

「繰下げ」の場合は，将来的に繰下げ請求を予定し，「待機」していたものの，家庭環境の変化に伴い，繰下げ請求をせず，65歳当時に遡って請求するという「変更」は可能です（その場合の注意点は後述）。

ただし，繰上げの場合はこのような「変更」（撤回）はできません。理由は繰下げの場合は現実にまだ受給していないものの，繰上げの場合は既に受給が始まっているためです。

繰上げ請求すると国民年金任意加入は不可能

学生時代の滞納や転職の狭間で国民年金の未納期間がある場合に上限である480か月に近づける目的で「任意」に国民年金制度に加入できる任意加入制度は，「65歳」に達するまでの間で，かつ，480か月に到達するまでの間に限り加入できる制度です。

もちろん繰上げの場合は現実として65歳にはなっていませんが，年金制度上は65歳に達しているとみなされることから，国民年金制度への任意加入ができません。もちろん，任意加入制度に加入する目的は年金の増額が目的のはずですが，既に受給が始まっていることと，年金制度上は65歳に達していると扱われますので任意加入制度への加入はできません。

繰上げ請求すると保険料の追納は不可能

「追納」とは，免除等を受けた期間分の保険料を将来的に納めることです。制度上は承認を受けた月の前10年以内であれば過去に受けた免除等の期間分の保険料を納めることができます。納めたことによるメリットは年金額の増額ですが，この制度も繰上げを選択することで制度の活用ができなくなってしまいます。

繰上げ請求は国民年金，厚生年金同時にしなければならない

繰下げの場合は国民年金のみ，厚生年金のみ，両制度を同時に，のいずれのパターンでも請求が可能です。他方，繰上げの場合は両制度を同時に請求することとなります。

繰上げ請求は共済組合加入期間がある場合も同時に請求しなければならない

共済組合期間がある場合，原則として同時に請求しなければなりません。

繰上げ請求すると厚生年金基金から支給される年金も減額される場合がある

厚生年金基金に確認が必要な部分もありますが，繰上げ請求することで，厚生年金基金から支給される年金も減額される場合があります。

失業保険や高年齢雇用継続給付が支給される場合には老齢厚生年金の全部または一部がカットされる

繰上げ請求したことがきっかけで老齢厚生年金と併給調整がかかる給付（失業保険や高年齢雇用継続給付）を受けることとなり，老齢厚生年金がカットされるということが起こります。なお，老齢基礎年金はカットされ

ません。

> **厚生年金に加入中の場合は給与や賞与に応じて**
> **老齢厚生年金の一部または全部がカットされることがある**

これは在職老齢年金制度による影響です。繰返しになりますが，「繰上げ」の場合は国民年金のみ繰上げという選択はとれず，厚生年金も繰上げしなければなりません（例えば，特別支給の老齢厚生年金が64歳から支給開始で64歳から結果的に国民年金のみ繰り上げるということはありうる）。

> **繰上げ請求をした場合，65歳になるまでの間は遺族厚生年金など**
> **他の年金と併せて受け取れず，いずれかの年金を選択することとなる**

一生涯にわたって減額されることを受け入れ繰上げ請求したにもかかわらず，例えば配偶者の他界によって遺族厚生年金が支給対象になったとします。

このとき，65歳前は「1人1年金の原則」によって「選択受給」となります。そこで，老齢年金よりも遺族年金のほうが高額であった場合，一般的には遺族年金を選択することになるでしょう。そのような場合であっても，老齢年金への減額率の適用は取り消すことはできません。

> **繰上げ請求日以後，寡婦年金は支給されず**
> **寡婦年金受給中の場合は失権する**

寡婦年金とは，「死亡日の前日」において国民年金第1号被保険者として保険料を納めた期間や国民年金の保険料免除期間が10年以上ある夫が他界した場合に，当該夫と10年以上継続して婚姻関係（一定の証明は必要ですが事実婚関係も含めることは可能）にあり，死亡当時に当該夫に生計を維持されていた妻に対し，当該妻が「60歳から65歳」になるまでの間に限り支給される年金です。すなわち，女性に限定された「有期年金」とも言

えます。

　妻が繰上げ請求した場合には現実として，年齢は65歳前であっても年金制度上は65歳に達しているとみなされ，結果的に寡婦年金を受給することはできません。

> ### 繰上げ請求日以後は事後重症などによる障害年金を
> ### 請求することが不可能

　障害年金は，「認定日請求」と「事後重症請求」という2つの請求方法があります。この2つの申請を併せて申請しておくことも可能です。

　繰上げ請求は，「事後重症請求」に影響します。ここでカギとなる日は，障害認定日（原則として初診日から1年6か月を経過した日）です。

　障害認定日に年金制度で定義する障害等級に該当していなかったものの，その後，65歳の誕生日の2日前までに障害が悪化したことによって障害等級に該当する状態となったために障害年金の請求をすることを，「事後重症請求」といいますが，この「事後重症請求」が年金の繰上げによってできなくなります。

　繰上げ請求は65歳前にしていますが，年金制度上は65歳に達しているとみなされるためです。

　他方，認定日請求は，障害認定日時点で診断書を取得し，当該障害認定日から1年以内に請求をすることです。実務上，認定日請求では認められなくても，事後重症請求では認められる可能性があります。

　具体的には障害認定日時点では障害等級には当たらないと判断されるものの，その後に状態が悪化していると判断されたことにより支給決定される場合です。

　年齢と受給資格期間で決定される老齢年金と異なり，障害年金は医学的な所見等，広く証明をしなければなりませんので，老齢年金と違い必ず支給決定される年金とは言えません。したがって，2つの申請をしたいとこ

ろですが，年金受給の繰上げによって，事後重症請求ができなくなること
は必ず認識しておきましょう。

> 老齢厚生年金を繰上げ請求した場合，
> 44年特例や障害者の特例の対象にならない

　繰上げ請求した場合は，第3章で記した「44年特例」や「障害者特例」
の対象にもならなくなります。なお，「障害者特例」とは，特別支給の老
齢厚生年金の受給権を有している方が次の要件に当てはまることで，報酬
比例部分に（44年特例のように）定額部分としての「加算」が行われる制
度です。

- 特別支給の老齢厚生年金の受給権者である
- 厚生年金保険法に規定する障害等級3級以上の障害状態にある
- 厚生年金の資格喪失をしている

　「障害状態3級以上」に該当するかは医師の診断書を基に判断されます
ので，44年特例のように厚生年金加入期間のみで決定される「特例」では
ありませんが，この制度も繰上げ請求した場合には65歳前ではあるものの，
年金制度上は65歳に達しているとみなされるため対象外となります。

2　繰下げをする場合の注意点

　年金受給の繰下げ時は，繰上げ時とは別の注意点があります。

> 老齢基礎年金・老齢厚生年金いずれかまたは両方の繰下げが可能

　繰上げとは対照的に，老齢基礎年金と老齢厚生年金のいずれかまたは両
方の繰下げが可能です。

148

最低1年は繰り下げる必要があり，その後は1か月単位も可能

　端的に言うと65歳と11か月から受給開始したいという請求方法は認められないということです。すなわち，66歳以降の請求でなければそもそも繰下げ請求はできないということです。ただし，66歳以降であれば，66歳1か月など「1か月」単位での選択ができるようになります。

繰下げを希望する場合は改めて請求の手続きが必要

　繰上げと違い，繰下げをしている状態のみでは実際に年金を受給しているわけではありません。すなわち，「いつから」受給開始するのかを手続きしなければ自動的に振り込まれるわけではありません。

繰下げ待機したものの65歳からの一括受取りを選択も可能

　この場合，過去に受け取るはずであった年金を遡って受け取ることとなるため，介護保険料の再計算や確定申告のやり直しなど広い範囲で影響が出ることがあります。もちろん，一括での受取りを選択せざるを得なかったわけですから（例えば，葬儀費用などが必要になった），背に腹は代えられぬ状況と考えられますが，単に給付を一括して受け取れるだけでなく，「引かれるもの」にも影響があることを押さえておく必要があります。

厚生年金加入中の場合，在職老齢年金により年金がカットされる場合，カットされる額を差し引いた後の年金が増額対象となる

　現行の法律では「75歳」まで繰下げが可能となっています。そして，繰り下げた場合は，1か月当たり0.7％の増額があることから，仮に75歳まで繰り下げたとすると1か月当たりの年金額は84％（＝0.7％×12か月×10年）の増額となります。

　ただし，これは誰もが増額対象になるということではなく，仮に65歳か

ら受給開始していたとしても在職老齢年金の対象となっている方の場合は
カットされる額を差し引いた後の年金でなければ増額対象とはなりません。
逆に年金が全額カットされるような報酬を得ているというケースでは，全
く増額しないということも想定されます。

> **66歳前に遺族年金や障害年金を受け取る権利が発生した場合，**
> **繰下げ請求はできない**

　これは，繰下げ「待機」をしていたものの，他の年金（例えば遺族厚生
年金）の受給権が発生した場合に生じます。年齢的にも遺族厚生年金の受
給権が発生することはめずらしいことではありません。

> **66歳以降に遺族年金や障害年金を受け取る権利が発生した場合，**
> **その時点で増額率が固定される**

　このケースでも前述のケースと同様に遺族厚生年金の受給権が発生しま
す。これは，たまたま少額の遺族厚生年金であったために請求する予定は
なくても受給権自体は発生し，受給権発生時点以降についてはその時点で
増額率が固定されます。

> **繰下げ上限年齢に達したら速やかに受給手続きを行う（時効消滅）**

　至極当然の話ではありますが，長く働くことが一般化しつつある現代社
会において今後起こりうる問題が，時効消滅です。
　特に一定額以上の報酬を得ている場合（労働収入に限らず他の収入もあ
る場合）にはより注意が必要です。年金の受給開始年齢が75歳まで繰下げ
が可能となったことで，例えば退職後である72歳で繰下げ請求せずに過去
に遡って受給したいと申し出た場合が問題となります。
　年金の時効は5年であるため，5年を経過した分に当たる67歳〜65歳の
部分が時効消滅しています。75歳までの繰下げ請求は大きなリスク（一般

的に年齢が上がるにつれ，自身だけでなく配偶者の病気への罹患を始め様々なリスクが出てくる）が伴うものと言えます。

そこで，「70歳到達後」に，繰下げ申出をせずに「遡って年金を受給したい」という場合には，「請求の5年前の日に繰下げ請求の申出をしたもの」とみなし，増額された年金の5年間分を一括して受給できるように改正されています。

共済組合の期間がある場合，同時に繰り下げる必要がある

共済組合（公務員や私学教職員）の期間がある場合は，「法律上は」平成27（2015）年10月以降，年金は「一元化」されており，同時に繰り下げる必要があります。

厚生年金基金に加入していた場合，同時に繰り下げる必要がある

前述の共済組合と同趣旨ですが，基金によっては異なった規約（繰下げの部分だけでなく）が設けられているケースもあることから事前に確認が求められます。

加給年金や振替加算は繰り下げると支給されず，繰り下げても増額されない

加給年金や振替加算は繰り下げた場合の増額対象ではありません。

他方，国民年金に設けられている「付加年金」（国民年金第1号被保険者が対象となり，1か月当たりの保険料を400円プラスして納付することで受給時には1か月当たり200円×付加保険料納付月数で計算される年金）は繰り下げた場合，増額対象となります。

繰下げをする場合，受取開始まで年金生活者支援給付金は支給されない

「老齢基礎年金」を繰り下げる場合，受取り開始までの期間は，年金生

活者支援給付金は支給されません。これは，年金生活者支援給付金の要件
の1つとして，「65歳以上の老齢基礎年金の受給者」が含まれているため
です。

繰下げにより年金額が増額する場合，
医療保険料や介護保険料，税金が増える場合がある

　繰下げによる年金額の増額がきっかけとなり，医療保険や介護保険等の
保険料や税金が増える場合あります。これは老齢年金も所得の1つとして
考えられているためです。

　また，年金生活者支援給付金の支給要件には前年の公的年金等の収入金
額とその他の所得との合計額が一定額以下である旨の要件があり，増額が
きっかけとなり，当該要件に該当しなくなるケースも想定されます。

「繰下げ請求」は「遺族」が代わって行うことは不可能
（未支給年金の請求は可能）

　「遺族」は請求者「本人」ではないため，本人の意思表示とは言えず，
繰下げ請求することはできません。なお，年金は死亡した月まで支払い対
象となります。

　例えば12月3日に死亡した場合は12月分までが年金の給付対象となりま
す。しかし，「本人」が12月分の年金を受け取ることは不可能（12月，1
月分は2月に支給されるため）ですので，「未支給年金」として遺族が請
求することとなります。

65歳到達後に権利が発生した場合は，
権利発生の1年後から繰下げ請求が可能

　65歳到達時点においては老齢年金の受給権がなかった（例えば長期間保
険料を滞納していたことが原因）ものの，再就職等により65歳到達後に権

利が発生した場合は権利発生の1年後から繰下げ請求が可能となります。

＊　＊　＊

　ここまで本書でお伝えした方法によって，同世代夫婦で生計維持関係はあるけれど加給年金が全く支給されない家庭でも，年金で活用できる制度を賢く活用することで，よりよい生活の土台を築くことはできると私は考えています。そして，制度の活用前に，年金受給の繰上げ・繰下げする場合の注意点をご参考いただければ，年金の「こんなはずではなかった」を回避することもできるでしょう。

　最後に，繰上げ・繰下げに関しては，制度は「知る」ことではある程度理解することはできます。ただし，寿命については明確に予測が難しく，選択したことが結果的には裏目に出たということもあります。

　この部分については，医学の最たる専門家である医師であっても明確には予測できないことが，最適の年金をめぐる選択を採ることを難しくしていることは残念ながら認めざるをえません。

　「元を取ろう」と考えることは決して悪いことではありません。ただし，それのみに固執してしまうと判断すべきでもないタイミングで判断を急いでしまうことや，判断を誤ってしまうことがあります。あくまで年金は「保険」と割り切る視点も重要です。

30秒でフィードバックする
本章のまとめ

1　離婚時の年金分割は「いきなり請求」ではなく情報提供からスタートを。

2　遺族年金の受給権は「10年」ではなく「25年」。

3　遺族年金は男女で受給開始時期が異なる。

4　同世代夫婦の場合は賢い年金制度の活用を。

5　寿命については予測が困難であり，他の部分にフォーカスする。

あとがき

　本書をお手に取っていただきありがとうございます。世代を問わず，私達の興味の対象の上位に挙げられるものに「お金」があります。

　もちろん「人生お金だけではない」という声もあるでしょうが，生きていく上でお金は必要なものです。特にこれまで毎月継続的に入ってきていた労働収入がなくなる現役引退後は多くの方にとって年金が主たる収入源となります。

　また，昨今は年金を受給しながら働くというビジネスパーソンも多く，相談内容にも一定の変化が見受けられます。本書を執筆するにあたり中央経済社ホールディングスの牲川健志様，FREE CONSULTING 株式会社故藤井裕社長には企画段階から多くのご助言を賜り厚く御礼申し上げます。

　本書は執筆時点において，細心の注意を払い，年金額等を執筆していますが，将来的に物価スライド等によって本書をお手にとっていただいた時点の年金額とは変動が生じている場合があることをご了承ください。本書をお手に取っていただいた皆様が「第二の人生」を少しでも前向きに過ごしていただければ筆者冥利に尽きます。

　　　　　　　　　　　　　　　　　　　　　　　　蓑田　真吾

【著者紹介】

蓑田　真吾（みのだ　しんご）

1984年生まれ。社会保険労務士。

約13年間，都内医療機関の人事労務部門において労働問題の相談（病院側・労働者側双方）や社会保険に関する相談を担当。対応した医療従事者の数は1,000名を超え，約800名の新規採用者，約600名の退職者に対応。

独立後は年金・医療保険に関する問題や労働法・働き方改革に関する実務相談を多く取り扱い，書籍や雑誌への寄稿を通して，多方面で講演・執筆活動中。

退職後に後悔したくない！
定年までに知りたい年金のルール

2024年3月20日　第1版第1刷発行

著　者	蓑　田　真　吾	
発行者	山　本　　　継	
発行所	㈱中　央　経　済　社	
発売元	㈱中央経済グループ パ ブ リ ッ シ ン グ	

〒101-0051　東京都千代田区神田神保町1-35
電話　03（3293）3371（編集代表）
　　　03（3293）3381（営業代表）
https://www.chuokeizai.co.jp

© 2024
Printed in Japan

印刷／文唱堂印刷㈱
製本／㈲井上製本所